A Dramaturgia da Memória no Teatro-Dança

Coleção Estudos
Dirigida por J. Guinsburg

Equipe de realização – Edição de texto: Marcio Honorio de Godoy; Revisão de provas: Rosane Scoss Nicolai; Sobrecapa: Sergio Kon; Produção: Ricardo Neves, Sergio Kon e Raquel Fernandes Abranches.

Lícia Maria Morais Sánchez

A DRAMATURGIA DA MEMÓRIA NO TEATRO-DANÇA

Dados Internacionais de Catalogação na Publicação (CIP)
(Câmara Brasileira do Livro, SP, Brasil)

Sánchez, Lícia Maria Morais
A dramaturgia da memória no teatro-dança / Lícia Maria
Morais Sánchez. -- São Paulo: Perspectiva, 2010. -- (Estudos ;
259)

Bibliografia.
ISBN 978-85-273-0842-7

1. Dança 2. Teatro I. Título. II. Série.

08-09796   CDD-792.8

Índices para catálogo sistemático:

1. Teatro-dança: Arte   792.8

Direitos reservados à
EDITORA PERSPECTIVA S.A.

Av. Brigadeiro Luís Antônio, 3025
01401-000 São Paulo SP Brasil
Telefax: (011) 3885-8388
www.editoraperspectiva.com.br

2010

Sumário

INTRODUÇÃO XIII

1. TEATRO-DANÇA CONTEMPORÂNEO 1

O Termo Teatro-Dança 7
Kurt Jooss (1901-1979)........................... 8
O Movimento Expressionista 11
As Influências Wagnerianas e Simbolistas
    no Teatro-Dança 12
A Retomada do Teatro-Dança na Década de 1970 ... 14

2. SÍNTESE HISTÓRICA DANÇA E TEATRO 17

Gênese Mítica 24
Um Olhar Retrospectivo: A Contrafusão 25
Contemporâneo de Hoje ou Pós-Modernismo 27
O Balé de Corte 29
A Invenção da Dança Clássica 33
A Reforma de Noverre 36
Dança Romântica 38

Neoclassicismo 39
Dança Moderna 40
A Fusão Atual 41
Outras Considerações 43

3. O TEATRO-DANÇA DE PINA BAUSCH 45

Uma Compreensão pelos Sentidos 47
Por uma Educação do Sensível. 72
Bausch e a Teatralidade 76

4. CAMINHOS QUE LEVAM À DRAMATURGIA
DA MEMÓRIA. 81

A Organização Dramatúrgica Memorial 89
A Depuração que Dá Origem à Dramaturgia da
Memória. 98
Como Mobilizamos os Arquétipos 108
O Ritmo como Organizador da Própria Historicidade
na Dramaturgia da Memória. 111
O Símbolo e a Dramaturgia da Memória 118
O que Temos a Dizer sobre o Conceito
Contemporâneo de Dramaturgia 120

5. A MATERIALIZAÇÃO DO PROCESSO
DRAMATÚRGICO MEMORIAL 125

O Levantamento dos Estímulos-Tema 127
A Abertura a Outros Referenciais. 130
Heiner Müller e Candomblé – Uma Experiência Prática
com Alunos da Disciplina Interpretação IV do
Departamento de Artes Cênicas da ECA-USP . . . 131
Prólogo da Descoberta do Simbólico. Memória de
Sangue e Fogo: Escravos, Rebeldes e Quilombolas. 145
A Oficina I de Teatro-Dança – A Dramaturgia
da Memória 148

Exemplos de Ações da Memória Materializadas
em Cena 154
Outros Exemplos de Ações Memoriais 157
17 de Setembro – Caminhada Negro e Memória:
Identificação e Resgate 158
Roteiro da Apresentação Pública do Resultado
da Oficina I 162

6. ALGUMAS CONSIDERAÇÕES.
RESULTADOS FINAIS 165

Explicitando Metodologia e Procedimentos 165
A Pesquisa como Preparação para Descobertas 166
O Grupo: o Outro, o Desconhecido 167
Avaliando os Resultados Provisórios 168

CON(IN)CLUSÃO 171
BIBLIOGRAFIA 175

À memória de Pina Bausch

À memória de Carlos Ramón Sanchez meu parceiro de criação e permanente colaborador.

A minha filha Micaela. A Elza Gomes, educadora, tia-mãe, que me iniciou nas artes.

A Jacó Guinsburg, meu orientador, por ter compartilhado sua sabedoria.

Introdução

Em 1977 encenei o meu primeiro trabalho coreográfico *Quando Tenga la Tierra* ou *More com a Proteção dos Orixás*, apresentado na Primeira Oficina Nacional de Dança Contemporânea na Bahia e premiado pelo júri; "pela atualidade da proposta apresentada: o enfoque na dança contemporânea de problemas socioculturais"[1]. Nessa época, realizávamos um processo criativo que já se poderia chamar de Dramaturgia da Memória; esse processo – idéia do companheiro de trabalho, jornalista e pesquisador-roteirista, Carlos Ramón Sánchez – propunha-se a coreografar notícias de jornal com projeção contemporânea, cujos conteúdos (memória escrita) estimulavam o outro lado da notícia, buscando preencher arquivos vazios dessa história. No dizer de Eduardo Galeano, "tua outra cabeça tua outra memória"[2]; memória oculta dos vencidos, a memória não oficial.

Considero esse trabalho coreográfico o marco da trajetória que deságua no que ora apresento, e que foi sucedido por vários outros, cada vez mais aprofundados nas questões de conteúdo

---

1. Texto que consta no diploma de premiação entregue ao espetáculo pelo I Concurso Nacional de Dança Contemporânea, organizado pela Escola de Música e Artes Cênicas da Universidade Federal da Bahia, em 1977.
2. *Memória do Fogo 2 – As Caras e as Máscaras*, p. 58.

social pautado pelo apelo à mobilização do sentimento de pertencimento em uma leitura de si e do mundo.

O interesse foi se ampliando, por meio das atividades como coreógrafa-diretora nos trabalhos que se seguiram; pela minha participação no Wuppertal Tanztheater na Alemanha, sob a direção da coreógrafa Pina Bausch; como professora na escola de Dança da Universidade Federal da Bahia/UFBA; nos estágios docentes dos cursos de artes cênicas e de dança no mestrado, realizados na Universidade Estadual de Campinas – Unicamp, onde tive a oportunidade de trabalhar com o diretor encenador Marcio Aurelio Pires de Almeida; e como doutoranda na Universidade de São Paulo – USP, oportunidade em que mantive uma interlocução profícua para a Dramaturgia da Memória com alunos do curso de Artes Cênicas.

Como bailarina-executante, nunca deixei de observar os meus processos interiores que levaram à interpretação dos papéis que tive a oportunidade de desempenhar para vários diretores.

A partir do mestrado, tenho desenvolvido um trabalho sistemático na busca de compreensão das estruturas de significado, isto é, dos caminhos que percorre, e das circunstâncias que efetivamente provocam e desencadeiam ações "originais" no processo criativo da Dramaturgia da Memória.

A busca de compreensão de processos criativos na arte tem investimentos de várias frentes como a psicologia, a educação, a filosofia. O desafio permanece, contudo, inevitável, uma vez que compreender e explicar cientificamente tal situação é o mesmo que querer dar conta do que é o "real".

Compreender e existir são processos inseparáveis, e os procedimentos voltados para a ciência consistem em numerosos instrumentos que favorecem o distanciamento entre o conhecedor e a situação a ser conhecida. Além do mais, os discursos científicos, vistos como representações de realidade, são contribuições conceituais que muito têm ajudado no controle da natureza. É indiscutível que a psicologia, com um olhar semelhante, desenvolveu formulações de grande importância para o conhecimento da mente humana e, conseqüentemente, a do artista; entretanto, os principais motivos da criação ainda não são conhecidos. Nem os próprios criadores conseguem precisá-los;

apenas descrevem-nos de maneira aproximada. Nesse contexto, o que aqui se encena não parte de uma proposta de construção de um exercício retoricamente elegante, nem metodologicamente perfeito. Este exercício é construído a partir de uma necessidade efetiva de compreender uma realidade inserida na minha vivência como artista, com o objetivo de transformá-la em um instrumento de questionamentos e reflexões que possa servir para interferências na realidade dos processos criativos na educação da arte e pela arte. Acreditamos que o discurso aplicado deva se dar a partir das vivências de cada um, matéria-prima dos processos para a criação artística. Esse processo deve servir também à construção e ao fortalecimento de identidades, com preocupações que incluam a ética, visto que, tenhamos consciência ou não, as ações nesse campo, além de nos constituírem como artistas, constituem-nos como indivíduos participantes da sociedade em que estamos inseridos.

Apoiados nesses pressupostos, o conteúdo deste trabalho ancorou-se na minha experiência como artista. Acreditando ser essa a maneira de me manter motivada o suficiente e não incorrer no risco de me afastar em demasia do terreno que é parte da minha vida, do qual parti e ao qual este trabalho se destina.

Se a polissemia das artes-cênicas está inserida no "território movediço" da contemporaneidade, a busca da compreensão do percurso de um processo criativo, nesse contexto, permanece desafiante.

No primeiro capítulo, Rudolf Laban e Kurt Jooss, principais precursores do teatro-dança contemporâneo, são as figuras inspiradoras e divisoras de águas em minha vida artística – como estudante na Escola de Música e Artes Cênicas da Universidade Federal da Bahia e como coreógrafa – que se deixa mover pela idéia de que o artista deve ser comprometido com sua época. As influências do romantismo, expressionismo e simbolismo revelam-se na essência mesma da identidade do teatro-dança contemporâneo como a configuração de uma ideologia, mais que como uma forma: uma articulação de idéias, valores e opiniões desses precursores como instrumento artístico-político-social.

A polêmica conceitual entre as definições correntes de teatro e dança permitiu-me assumir a minha perspectiva diante desse cenário. O recorte do segundo capítulo baseia-se em algumas considerações históricas da ligação do teatro com a dança, que põe em cena a simbiose em forma de teatro-dança, fato que consideramos, de antemão, fruto da gênese da cena teatral. Teatro e dança já apresentam simbiose desde os cultos báquicos.

No terceiro capítulo, a busca de sair do usual por meio do encontro com Pina Bausch inclui uma tomada de consciência e a constatação de que a contribuição dessa artista vai muito além da sua obra espetacular, podendo servir a uma educação do sensível. O mote dessa exposição é uma recomendação que ela me fez em 1999 "seja você mesma, isto é muito importante!".

O quarto capítulo é o relato de fatos dos quais também sou personagem. Os caminhos que percorrem a Dramaturgia da Memória passam por mim mesma, na trilha das reflexões realizadas desde que voltei do Wuppertal Tanztheater. Como mobilizo a memória via pensamento, provocada pelo estímulo-tema, busco a eliminação de estereótipos e chavões, reconhecendo que os conteúdos que emergem do inconsciente devem ser direcionados, expressando o sentimento de pertencimento em uma construção poética. Esta investigação recupera, assim, um olhar dirigido ao fazer, tendo como elemento o meu próprio fazer artístico: as memórias produto de atividades sensoriais e intelectuais de vivências e imaginação que deságuam na Dramaturgia da Memória.

O quinto e último capítulo. Que memória é essa? Como se materializa esse processo ligado ao referencial afro-brasileiro? A ligação entre ancestralidade e corpo atuante remexe particularmente com os mecanismos expressivos de identidade, contribuindo para a desocultação da memória omitida oficialmente. O passado é reconstruído no teatro-dança, estimulado pelos recursos que a Dramaturgia da Memória oferece. Ela o convoca ao presente e o constrói como um ato poético de resistência. O passado narrado carrega a opinião de cada participante, em uma perspectiva sobre o vivido ou imaginado. Por meio de ações cênicas, o participante aparece a uma platéia envolvido por uma coordenação da alma, da voz, do olhar – melhor dizendo –, do corpo inteiro em ação. Essa performance de ações expressivas permite a esse participante mostrar quem ele é.

1. Teatro-Dança Contemporâneo

O teatro-dança contemporâneo ou pós-moderno é um retorno aos movimentos propostos pela história da cena teatral. O principal responsável por esse empreendimento foi Rudolf Laban, pioneiro, na direção da corrente alemã, dessa manifestação cênica e fundador de uma escola expressionista na Alemanha. Da sua linhagem vieram criadores importantes como Mary Wigman, Kurt Jooss, além de Pina Bausch, em quem centramos nossas observações sobre o teatro-dança atual, ideia-força que motivou este livro.

Como artífice do teatro-dança contemporâneo, considerando as influências que o precederam e o impulsionaram, é oportuno pôr em pauta o trabalho de Rudolf Von Laban (1879-1958), que abrevia o seu nome para Rudolf Laban quando, fugindo do nazismo, instala-se na Inglaterra. Bailarino e coreógrafo, é considerado "renovador da dança e de seu enfoque teatral"[1].

Por não aceitar o vazio existente nas peças de teatro e dança dessa época, trouxe para o seu trabalho o resultado das próprias paixões e lutas interiores e sociais, representadas por personagens

---

1. A. M. B. de Vecchi, Sobre o Autor, em R. Laban, *O Domínio do Movimento*, p. 9.

simbólicas ou estados de espírito puros, vividos através do movimento utilizado de maneira mais espontânea e sempre com resultado consciente da união corpo-espírito[2].

As conquistas de Delsarte e de Jacque-Dalcroze foram determinantes para seus estudos. Ambos chamam sua atenção para a divisão ternária do corpo (cabeça-tronco-membros) e para a trindade palavra-som-gesto, que se tornou para ele a indivisível totalidade movimento-som-palavra. Laban apoia-se no corpo e em seu movimento na vida, libertando-se do *ballet*; entretanto, não o descarta totalmente, conserva as cinco posições dos pés e os *port d'bras*[3]. Associa também a dança moderna aos gestos cotidianos.

Aos dezesseis anos, impressionado com os rodopios dos derviches, reflete sobre danças rituais, sobre o transe e o desprendimento do corpo. Posteriormente veio a exercer sua observação obstinada sobre os comportamentos da vida cotidiana, para compreender os gestos e suas funções como meios de entender as pessoas.

Mesmo conservando alguns elementos do balé, seu pensamento é o de libertar o movimento das suas rédeas. O corpo e seu movimento na vida, seu principal apoio, devem trabalhar por uma dança "livre", privilegiando a impulsão natural vinda do centro do corpo e prolongando-se na direção das extremidades.

Na concepção de Laban, a dança como composição de movimentos pode ser comparada à linguagem oral. Assim como as palavras são formadas por letras, os movimentos são combinações de elementos e organizam-se sintaticamente, como os constituintes em orações. Na sua pesquisa didática, analisa o movimento de várias maneiras: como sabedoria ou conhecimento da dança, "coreosofia"; como linguagem, gramática e sintaxe, "coreologia"; como dinâmica e ritmo, "eucinética"; e também como "corêutica", estudo dos movimentos corporais, emocionais e mentais em harmonia com o espaço[4].

2. Idem, ibidem.
3. Caminho ou transporte dos braços.
4. L. Rengel, *Dicionário Laban*.

À primeira vista, a proposta labaniana (metódica) parece não ter uma ligação direta com o teatro-dança atual de Pina Bausch (que não se utiliza de métodos preestabelecidos), para o qual não há instruções de uso. Tanto na teoria quanto na prática, o método desenvolvido por Laban analisa os "movimentos possíveis do homem, inscritos em formas geométricas estritas e contidos num icosaedro de cristal como uma gaiola mágica"[5], e é no interior desse módulo geometrizado, ou *kinesfera*[6] (cinesfera), que o bailarino se movimenta. Em 1926, o coreógrafo lança a labanotação: *Schrifttanz* (dança escrita), cujos princípios básicos são dividir o espaço em três níveis (vertical, horizontal e axial) sobre os quais se inscrevem doze direções de movimentos. "Em resumo, uma esfera com pontos de tangência: um icosaedro"[7]. Embora essa notação seja considerada um método preciso, que permite melhor conservar coreografias em seu estado original, Laban trabalha por uma dança livre dos maneirismos. Assim, a despeito do tratamento metódico do movimento, dá aos verbos uma importância que os distancia de seu uso no balé. Torcer, deslizar, flutuar, bater, estocar, dar palmadas designam atos e impelem a ação, preponderando em infinitas combinações como: tempo, espaço e forma; lento, forte, indireto; lento, fraco, direto; alto, baixo; direita, esquerda; frente, trás etc. Todas essas possibilidades de combinações dão lugar a qualidades diferentes do movimento.

Nessa dança concebida com soltura, o movimento é passível de decomposição em elementos: peso, quantidade de energia que é função da lei da gravidade, do espaço e do tempo em uma inter-relação. O corpo, não mais teleguiado por um vocabulário imposto pelo exterior, movimenta-se em várias direções, transformando permanentemente o movimento e incitando o ator a implicar o seu corpo no jogo de ações físicas, para desencadear e transmitir emoções e sentidos – como no sistema de Stanislávski.

Associando o fazer e o dançar, Laban vale-se da prática da repetição dita "ornamento da duração e ornamento da extensão" como fator dramático. Esse jogo que se intercomunica

---

5. R. Garaudy, *Dançar a Vida*, p. 104.
6. L. Rengel, op. cit.
7. Idem, p. 295.

4 A DRAMATURGIA DA MEMÓRIA NO TEATRO-DANÇA

infinitamente não é mais regrado pelos passos codificados e encadeados, características que fundamentam o balé clássico. Nessa vertente, o trabalho desse precursor privilegia o ser humano como ser infinito na inter-relação corpo-espírito-emoção--vida-movimento, e sua filosofia tem como meta trabalhar para que as emoções sejam expressas pelo corpo humano por meio de ações corporais reais. E é justamente aí que Laban entra em conexão direta com Pina Bausch. Também nesse ponto esteia--se a atualidade de suas teorias, que servem de base para estudos em outros campos além da dança. As investigações científicas atuais, principalmente no domínio da propriocepção, confirmam a validade dos princípios labanianos.

Em busca do contato com a natureza, Laban deixa a cidade. Empolga-se com os pés descalços sobre a terra, e fala de uma dinâmica que mova a expressão vital. Essa busca de infinitas possibilidades de expressão revela-se importante para o percurso deste trabalho, uma vez que essas expressões em discursos particulares trazem à tona identidades, por meio da Dramaturgia da Memória.

Pois que concebe o movimento como expressão exterior do sentimento interior, o coreógrafo não vê no teatro e na dança "cópias do real que pretendam nos iludir"[8], mas fatores que nos introduzem na "realidade da vida interior e das decisões que dão origem aos valores".

Para Laban, a dança é o meio de dizer o indizível, da mesma forma que a característica da poesia é ultrapassar o sentido estrito das palavras. Acredita que a dança seja um meio de introspecção profunda: revela ao homem suas tendências fundamentais; a partir deste ponto, projeta-o para o futuro, fazendo-o pressentir sua personalidade virtual, que poderia realizar indo até o fim de suas pulsões[9].

Apesar de ter criado sua escola expressionista, não demonstra em suas coreografias as formas diretas do expressionismo alemão; "caricatural e religiosamente dramático". O seu maior interesse está na prática das danças grupais de celebração,

8. Idem, p. 113.
9. Idem, p. 295.

TEATRO-DANÇA CONTEMPORÂNEO 5

quando os dançarinos compartilham a experiência do movimento comum na forma de "dança coral". Nessas circunstâncias, torna-se responsável por apresentações de danças com grande número de (até mil) participantes, como nos jogos olímpicos de Berlim; contudo, seu trabalho não se coaduna com o regime de Hitler, uma vez que prevalece em sua proposta a ideia da unidade do homem com o universo e não a sua desintegração. Encontra acolhida na Inglaterra, durante a Segunda Guerra Mundial, para seus ideais de harmonia e libertação através da vivência criativa do movimento[10].

A sua teoria revela muito mais que a simples execução de movimentos. Revela a tentativa de expressar as emoções e sensações internas do ator-dançarino através do corpo, o que denota o pensamento expressionista implícito, porém, sem o exagero apresentado por Wigman; exagero que reprovava e que pode ter constituído uma das razões da sua divergência com sua ex-aluna.

Laban não utiliza os movimentos para formar figuras, como no balé clássico; tampouco os utiliza para sugerir ritmos, como Dalcroze. O movimento é, para ele, "a manifestação exterior dos sentimentos interiores"[11]; além do mais, a sua meta é a de uma dança intimamente ligada à vida, em busca da "essência" das coisas. A dança, para ele, "é transcendência do homem".

Preocupado com a complexidade total da expressividade humana, considerava "que o extraordinário poder de raciocínio e de ação do homem levou-o a ocupar uma posição peculiar no que tange ao seu relacionamento com o meio que o circunda"[12]. Assim, o homem tenta representar os conflitos gerados pelo papel que tem no mundo em que vive.

A ação dramática no palco não é vista por Laban como uma explicação utilitarista, como um divertimento proporcionado, na relação audiência/atores, pela contemplação da miséria e da loucura humanas, que funcionavam, segundo entendia, como um espelho situado muito além do nosso cotidiano de sofrimentos e alegrias. Dizia ele: "o teatro dá um 'insight' na oficina na qual o poder de reflexão e de ação do homem é gerado.

10. Idem, p. 10.
11. Idem, p. 113.
12. Idem, p. 25.

6 A DRAMATURGIA DA MEMÓRIA NO TEATRO-DANÇA

Este 'insight' proporciona mais do que uma compreensão mais rica da vida: oferece a experiência inspiradora de uma realidade que transcende a nossa"[13].

Em conformidade com seu empenho em preservar a integridade do movimento do corpo todo, Laban não separa o teatro da dança; pelo contrário, procura uni-lo ainda mais, e torna-se, assim, o grande precursor do surgimento do teatro-dança nos anos de 1920. Nesse cenário, indica que o ator deve compreender que o espírito influencia o movimento do corpo e dos órgãos vocais, e que esse movimento influencia o espírito: "o movimento humano com todas as suas implicações mentais, emocionais e físicas é o denominador comum à arte dinâmica do teatro"[14].

O teatro-dança editado pelo pesquisador contempla integralmente o movimento e sua vasta gama de manifestações visuais e auditivas. Dessa forma, "oferece um denominador comum a todo o trabalho de palco"[15]. Considera que o teatro que dá ênfase a elementos isolados como, por exemplo, o cenário pictórico estático, "negligencia o atributo essencial do trabalho teatral que é o movimento"[16]. Da mesma forma, o uso exclusivo de movimentos de braços e pernas de um dançarino também pode ser considerado uma dança morta, tecnizada sem o movimento do espírito.

Diante de tudo isso, Laban é visto como o pioneiro de uma retomada atualizada da simbiose teatro-dança. Sua teoria atravessa décadas e volta sempre a ser revisitada. Nessa sobrevida, todavia, deve ser considerada como algo que nos move a buscar novos sentidos para inusitados discursos cênicos, pondo em jogo a infinita capacidade do corpo humano de se movimentar, aliada à fonte inesgotável de motivos que a vida nos dá. Não se trata apenas de pôr em cena seus Temas de Movimento[17] de maneira cristalizada.

---

13. Idem, p. 25-26.
14. Idem, p. 29.
15. Idem, ibidem.
16. Idem, p. 30.
17. Cartilhas para a experiência da Arte de Movimento de Laban, apresentados estruturalmente. Cf. L. Rengel, *Dicionário Laban*.

O TERMO TEATRO-DANÇA

O termo *Tanztheater* aparece várias vezes em Laban, traduzido como Dança Teatral ou *Das Tanztheater* – O Teatro de Dança, como Mary Wigman o tratava. A conceitualização *Tanztheater/ Theatertanz* e suas classificações não são objeto de estudo detalhado neste trabalho, mas vale registrar que se tornou polêmica importante em 1928, quando Kurt Jooss realizou em Essen um congresso que reuniu os principais representantes da dança moderna na Alemanha, entre eles Mary Wigman e Rudolf Laban, com a finalidade de esclarecer teorias e práticas.

Essa dupla noção de teatro-dança e dança-teatro é explorada por Kurt Jooss numa exposição sobre os termos *Theatertanz* e *Tanztheater* (Dança para o teatro/Teatro de dança), em que define o primeiro termo como a reunião de todas as forças artísticas ligadas a um teatro, ao passo que o segundo determinaria o que se chama de "grupos livres de dança"[18]. Julga, contudo, essa reflexão ligeira e prematura, lógica e válida apenas no quadro que diz respeito a uma reflexão sobre a organização da profissão. Não faz, pois, nem considerações de ordem estética, nem uma exposição acadêmica sobre a natureza dos dois conceitos e ressalva que essa reflexão não é pertinente para questões artísticas essenciais sobre a dança.

De fato, nesse processo evolutivo da cena distinguem-se várias nomenclaturas (Dança Teatral, Teatro Coreográfico, Dança para o teatro, Teatro de Dança, Dança Livre, Dança de expressão, Dança Absoluta) que podem estar definindo particularidades. A questão do binômio *Theatertanz/Tanztheater*, todavia, distinguindo a dança de cena, relativizada em relação ao teatro, e um teatro de dança no sentido amplo, resolveu-se na atual denominação Teatro de dança, a que Jooss aspirava e que Pina Bausch realiza em novos dias: a simbiose com o próprio teatro.

Na verdade, o termo *Tanztheater* é atualmente aplicado a muitos espetáculos que não apresentam qualquer relação com as experiências de Jooss ou com as experiências realizadas na década de setenta. Nesse caso, a definição de Richard Silkes é

---

18. Exposição de 22 de junho de 1928, em Arquivos Jooss, Colônia, Alemanha.

oportuna: "O *Tanztheater* é um processo, não uma resultante, muda o tempo todo"[19]. Todas essas particularidades, portanto, além do que possam parecer, são apenas formas diferenciadas de uma única energia. Do mesmo modo, ambos os conceitos têm uma única preocupação: um resultado a ser visto por um público; uma manifestação representada para produzir um efeito cênico-artístico no espectador. Deste ponto de vista, propõe-se à utilização do termo teatro de dança no sentido amplo de uma apresentação artística para ser vista.

Diante disso, quando se pensa numa classificação, acredita-se que o teatro de dança de ontem reflete-se no atual como ideologia, no sentido de ser, segundo o *Dicionário Houaiss*, mais que uma forma, uma convicção filosófica, um conjunto articulado de ideias, valores, opiniões, crenças etc., que expressam e reforçam as relações que conferem unidade a determinado grupo social. Nesse caso, Laban, Jooss, Bausch e outros podem ser considerados um grupo interessado em trazer para a cena a mobilização de suas ideias e emoções provocadas pelas guerras e pela ditadura de um Estado, o mal-estar das metrópoles, a divisão em classes sociais entre outras questões que determinam a existência humana.

Tudo isso não se resume a uma situação histórica específica; são ecos universais das sociedades de todo o mundo. Assim, esse teatro de dança de Laban, Jooss e Bausch perdurará e se multiplicará, uma vez que captura qualquer indivíduo mobilizado pelos desmandos da prepotência de um estado de coisas no mundo. É, portanto, mais que uma estética; é a formatação de uma ideologia pela arte.

KURT JOOSS (1901-1979)

Advindo da *Ausdruckstanz* (a dança expressionista alemã), Jooss foi o fomentador do *Tanztheater* em fins dos anos vinte, precisamente em 1928, no Folkwang Tanz-Studio em Essen, que dirigiu até o fim de sua vida.

---

19. R. Silkes, But is it Dance?, *Dance Magazine*, p. 52.

A celebridade chega em 1932, quando recebe o primeiro prêmio no concurso Arquivos da Dança, de Rolf de Maré, com *A Mesa Verde*. Passou então à história da dança como o criador da *Der Grüne Tisch*, concebida em resposta ao desejo de realizar uma dança que fosse a síntese de uma nova gramática, com capacidade de expressar plenamente todos os aspectos da arte dramática. O tema sociopolítico é estruturado de maneira teatral (narração sobre o modelo de quadros expressionistas, com os personagens em ações que expressam suas emoções), seguindo uma técnica inspirada nos princípios do movimento labaniano. Nesse trabalho, Jooss não se preocupa com uma ordenação coreográfica ortodoxa e desenvolve um argumento dramático em que os participantes são atores-bailarinos de um drama encarregado de exprimir, por meio de um gestual estilizado, a simbolização de emoções.

Seguindo o curso de Laban, Kurt Jooss tinha formação em música, teatro e dança, e foi um dos que levaram à prática mais intensa as teorias de Von Laban. Foi seu assistente e primeiro bailarino de 1921 a 1923, no Teatro Nacional de Mannheim, na Alemanha, quando se tornou seu colaborador no desenvolvimento da análise das leis físicas dos movimentos da dança. Na escola que dirigiu, a Westfalischen Akademie für Bewegun, Sprache und Musik, reconheceu a trindade labaniana: dança--som-palavra; contudo, apoiou-se em uma escola que combinava os princípios de Laban e os da dança clássica, fato que Wigman reprovava, entre outros fatores, por não ter sido formada na escola clássica, e sim na Escola de Dança Moderna.

O balé, como se vê, nunca deixa de estar em pauta. Eterno personagem na história da dança, o balé reaparece ainda nos dias atuais. Pina Bausch, com toda a revolução que faz na dança, ainda o utiliza em sua companhia como um meio de condicionamento físico de seus dançarinos. Mas, ressalve-se, esse fato não tem uma ligação direta com o seu processo criativo de pergunta e resposta. É verdade que não podemos anular essa memória; contudo, precisamos saber direcioná-la para um bom uso, assim como para todas as técnicas modernas e contemporâneas que agora surgiram.

Em 1928, ao fomentar o teatro-dança, Jooss diz que está buscando "a síntese de uma nova gramática com a capacidade

A DRAMATURGIA DA MEMÓRIA NO TEATRO-DANÇA

de expressar plenamente todos os aspectos da arte dramática". Com esta, ele se mostra claramente, tal qual Laban, favorável à não compartimentalização das artes cênicas.

Jooss pesquisava uma técnica de coreografia dramática relacionada com o libreto da Renascença, mas retomada e utilizada por ele como um recurso para melhor esclarecer o bailado: "No fundo sou um autor de teatro. Penso em termos de teatro e não se pode desfazer-se facilmente desse gênero de pensamento. Preciso de libretos que suspendam e apaixonem e devo conseguir transpor em movimento e em emoções a dramaturgia de um libreto"[20]. Como se pode ver, essa retomada não configura uma repetição do *livrinho* que condensava a história (muitas vezes uma obra-prima), mas apresenta-se em função de uma transformação dos motivos do libreto em conteúdo dramatúrgico, e não somente como o recurso explicativo utilizado na Renascença.

Na escola de Essen Folkwangschule (Escola Folkwang), Jooss integra a dança clássica na formação do bailarino, excetuando o uso das sapatilhas de ponta e as baterias (*battus)*, bem como danças de salão e danças folclóricas, música, pantomima, comédia, anatomia, cinetografia, dança moderna, desenho, pintura, escultura, fotografia, *design* etc. O acesso a todas as disciplinas e mais as discussões com artistas diversos, incluídas na programação, faziam-se com o intuito de atuar sobre a sensibilidade dos alunos e sobre a sua cultura, favorecendo uma abertura a outras possibilidades (o alheio). Foi nesse meio que Pina Bausch fez seu aprendizado e sua formação básica.

Assim, evidencia-se, diante de tudo isso, o esforço de Jooss em satisfazer as exigências do teatro, trabalhando com a ideia do *Tanztheater*, conceituado na época como teatro de dança, diferentemente do *Theatertanz* (dança para o teatro) ou dança de cena, uma dança a serviço de outras artes da cena como o drama cantado, falado ou mudo; a dança na ópera, no teatro dramático e, sobretudo, na pantomima.

Embora se mantenha em sintonia no plano ideológico com Rudolf Laban, Jooss funda, em 1924, sua própria escola, e introduz uma ruptura com o mestre. As coreografias de Jooss, ligadas,

---

20. Apud O. Aslan, Danse/Théâtre/Pina Bausch II – D'Essen à Wuppertal, *Théâtre/ Public*, n. 139, p. 9.

TEATRO-DANÇA CONTEMPORÂNEO

pelos temas e imagens, ao expressionismo, mostravam quão intensamente ele estava "convencido de que a dança era essencialmente teatro, e que ela deveria expressar a verdade profunda de uma época e ajudar essa verdade a se expandir e se afirmar, [...] via no expressionismo, como Mary Wigman, a forma de dança correspondente às exigências [...] da época"[21].

A cena teatral é intimamente associada à dança e ao teatro e trabalhada sem a utilização dos recursos técnicos de cenários construídos exageradamente. O artista recorre a cortinas pretas e joga com a luz, criando espaços e cores; os figurinos compõem os personagens, identificando-os; os objetos cênicos tornam-se raros, quando muito uma mesa e uma bandeira. Em contrapartida, cabe ao corpo a criação exagerada de expressões, de olhares e semblantes que estampam a interioridade emocional e espiritual desse corpo, plasmado em linhas e formas que imprimem ao trabalho de Jooss o selo do expressionismo, embora ele reconheça que somente *A Mesa Verde* (1932) está próxima da *Ausdrucktanz*.

O MOVIMENTO EXPRESSIONISTA

A primeira fase do movimento expressionista começa por volta de 1905, e a segunda, logo após a derrota alemã de 1919. Encontramos seu ápice no quadro pintado no final do século anterior pelo norueguês Edward Munch, *O Grito*, considerada a obra emblemática desse movimento. Um grito atroz e mudo, interrompido em uma fisionomia deformada pela dor. No cenário destruído, desmontado e obscurecido pela Primeira Guerra Mundial, o pintor superexpressa, no corpo distorcido pelo grito angustiado, suas visões interiores de sofrimento e desolação, visando ao êxtase. O espectador é capturado nesse espaço cênico como participante desse tormento, atraído pela boca escancarada em um silêncio ensurdecedor, enquanto seu olhar acompanha, sem o apoio de um ponto de fuga, os movimentos de curvas, inclinações e torções.

21. R. Garaudy, op. cit., p 121.

Nessa vertente ligada ao indivíduo, o expressionismo almeja transcrever os "sofrimentos do eu", ponto em que se enreda a dança desenvolvida por Mary Wigman, cuja arte está próxima daquela do pintor Emil Nolde, no qual, segundo ela, "existe expressionismo como em toda arte digna desse nome".

Mostrando suas restrições à febre expressionista, Laban reprovava toda exibição de uma experiência íntima, mas aceitava o "estado de êxtase". Quanto a Jooss, embora não esconda seu amor pelos primeiros balés da *Tanzbuhane* (dança de cena), que refletem efetivamente o expressionismo da época, afasta-se do "Ego", procurando exprimir em seus trabalhos a condição social por meio do gesto e de danças. Nas suas coreografias, entre elas *A Mesa Verde*, a teatralidade concentra-se na expressividade do corpo. O jogo com os olhares despende uma energia ampliadora dos contrastes, em busca de um efeito capaz de intervir, pelos julgamentos que sugere, na realidade do indivíduo e da sociedade. Conciliando os contrários, associa à expressão conferida ao personagem as leis objetivas do movimento: tempo, espaço, forma entre outras. Ele atende a regras do teatro de ópera ou de opereta, ao mesmo tempo em que experimenta o *Tanztheater*. Assim, seu senso de teatralidade, de ação dramática e de "ato curto", afasta-o do expressionismo no que tange aos "queixumes do Eu sofredor".

AS INFLUÊNCIAS WAGNERIANAS E SIMBOLISTAS NO TEATRO-DANÇA

O indivíduo já é anunciado como tema da arte no final do século XVIII, com Rousseau e o movimento romântico. O foco no indivíduo motiva a rejeição às regras pela sociedade do século XVII: "a sensibilidade tem primazia sobre a razão; o coração e a imaginação assumem o poder, sem o controle de uma autocensura. O resultado é uma inflação dos sentimentos e de sua expressão"[22]. Os românticos têm a impressão de uma libertação. "A arte é conquistada pelos 'grandes princípios' de 1789:

---

22. P. Bourcier, *História da Dança no Ocidente*, p. 199-200.

liberdade, igualdade; cada artista tem o direito de se exprimir sem restrições"[23].

Mas é Wagner, com sua melodia infinita, em sua busca de uma arte total, que fornece a Laban a clave para seu discurso. Não é à toa que, em 1930-1931, Laban é nomeado coreógrafo para o festival Wagner em Bayreuth. Pode-se perceber, no conceito wagneriano de arte total, uma semelhança com o conceito de totalidade artística do teatro-dança contemporâneo de hoje, no qual é possível observar a ressonância dessa influência: a ação, o movimento, o canto, a fala, a música, o cenário e outros elementos cênicos nascem de uma única matriz.

Ponto em comum aos dois lados é a existência, por trás da aparente dissociação da ação cênica com a palavra, de um fio dramático que costura a relação das ações cênicas entre si, como no hipertexto: uma coisa se liga a outra em uma conexão remota, mas consciente, uma vez que nada é construído de forma aleatória. Existe uma dramaturgia que se compõe com os contrastes, os equilíbrios e o inesperado das ações motivadas pelos estímulos-tema.

Também no lance de dados de Mallarmé o espaço é fundamental para a dança das palavras. Na estética simbolista, o poeta busca, no domínio do símbolo, a liberdade criadora, fazendo uso de todas as formas de linguagem e buscando a dimensão musical da fala; o que se busca é a expressão indireta e simbólica, o total desligamento da representação mimética ou mecânica da realidade.

Nesse cenário, o teatro-dança encontra no movimento simbolista um ponto comum: a luta pela autonomia da arte e a consequente procura de novas formas de expressão, novas sintaxes. A materialização proposta pelo teatro-dança não limita o poder da imaginação que, para os simbolistas, está sempre além do que se mostra.

No teatro-dança, o próprio corpo do ator é um símbolo, um signo que se desdobra; o ator é a própria humanidade. Nesse sentido, pode-se dizer que no teatro-dança tudo é simbólico, posto que o participante é levado a experimentar não a visão imediata de uma coisa, mas uma coisa que lembra outra, que

---

23.Idem, p. 200.

A DRAMATURGIA DA MEMÓRIA NO TEATRO-DANÇA

lembra outra… A ação, longe de mostrar-se "óbvia", é fruto de deslocamentos, embora permaneça ligada ao tema, no limite do real e do imaginário, do controle e do delírio.

O processo simbólico do teatro-dança se expressa através de uma cadeia de sínteses de significações dos conteúdos de vida reelaborados na mente e no corpo do criador-executante e do criador-diretor. Como nas estruturas hipertextuais, o processo não é linear seguindo na direção de conexões aparentemente desconexas. Assim, ele tem sua intensidade maior na cadeia infinita das possibilidades de significações. O sentido principal do processo do teatro-dança em pauta está na busca de ecos ao infinito, que renovam a experiência da alteridade do real.

Podemos dizer também que nesse processo tudo se combina, como na arte total wagneriana, no sentido da ideia de que diversos elementos se fundem. Deve-se ressaltar, entretanto, que essa combinação não é uma combinação aparente, ela está por trás do que é materializado na cena.

A RETOMADA DO TEATRO-DANÇA NA DÉCADA DE 1970

A Alemanha do pós-guerra, depois do desmoronamento do Reich, sofreu uma amnésia geral que atingiu o universo da dança. Em doze anos de hitlerismo, a dança foi pervertida e violada ao extremo, como ilustra o lema da ginástica e esporte hitlerianos: "força e alegria através da ginástica balanceada"[24].

Tudo isso foi suficiente para diluir as conquistas do expressionismo e de seus experimentos. A *Ausdruckstanz* foi dissolvida em prol de um "neoclassicismo puro". Assim, tudo o que se almejava para a dança, nas décadas de 1950 e 60, era a máxima perfeição. O virtuosismo do balé de contos e do balé narrativo experimentou o seu renascimento. Os bailarinos alemães recebiam uma formação clássica e as companhias ligadas a teatros de ópera realizavam os balés líricos e as operetas.

---

24. E.-E. Fischer, Un Reflexo de la Época, em J. Schmidt; E.-E. Fischer et al, *Teatro Danza Hoy: Treinta Años de Historia de la Danza Alemana*, p. 17.

TEATRO-DANÇA CONTEMPORÂNEO

O impacto chegou com o ressurgimento do teatro-dança na década de setenta[25], mais uma vez em relação à radicalidade das vanguardas ligadas à arte coreográfica na busca da "dança pura".

Naturalmente, a evolução verificada desde a dança moderna até o teatro-dança contemporâneo de hoje na Alemanha, não surgiu de forma isolada, mas como parte de uma articulação que contou com as ideias de Johann Kresnik e Gerhard Bohner, coreógrafos desejosos de integrar a realidade social à dança, como Laban e Jooss tinham feito. Eles, com o mesmo ideal, porém de uma forma própria, desde a segunda metade dos anos sessenta levaram as discussões políticas para dentro das companhias de balé. Com suas obras deram expressão, em termos de dança, às ebulições surgidas com as revoltas sociais e estudantis, evidenciando as restrições sociais que oprimem o ser humano, que o levam à morte e também o motivam a matar.

O expressionismo alemão ressurgiu então com uma nova roupagem destinada a influenciar os novos propulsores. Dessa maneira, não será exagero afirmar que o essencial desse movimento – expressar emoções e conflitos do homem por meio do corpo em busca da "essência das coisas" – continuou sendo a pedra fundamental do teatro-dança contemporâneo de hoje. Segundo os coreógrafos Johann Kresnik e Gerhard Bohner, a possibilidade de luta política do balé tinha limites, uma vez que os passos do balé, tomados na sua materialidade, não eram testemunhos de nada. Nesse sentido, pode-se dizer que o aspecto fundamental do teatro de dança está no compromisso ideológico de traduzir o ser humano, assumido pelo artista por meio de sua arte.

Ao termo deste capítulo, pode-se afirmar que, sem sombra de dúvida, o trabalho de Rudolf Laban propõe um método exemplar para tratar o movimento e suas implicações, que obedece a uma sintaxe, cujos elementos, no entanto, dão lugar ao inusitado. Na trilha desse movimento compartilhado por Jooss, todos os aspectos da arte dramática devem ser contemplados, mas é o corpo que ganha o espaço, e nele o bailado percorre – agora liberto – o fio da tradição.

---

25. P. Pavis, *Dicionário de Teatro*, p. 83.

2. Síntese Histórica
Dança e Teatro

Teatro-dança ou dança-teatro? O hífen assinala, em língua portuguesa, uma união em que persiste a noção de composição de elementos independentes que a convenção ortográfica da língua alemã oculta. Pode-se propor tomar esse hífen como ponto de partida desses fenômenos cênicos, cabendo à História não o destino de Cronos, mas o papel de Jano, deus do tempo que detém o poder de ver diante de si, ao mesmo tempo, o passado e o futuro.

A Dramaturgia da Memória – pilar central deste trabalho – inscreve-se nesse espaço-instante em que a memória se dramatiza. Quanto à síntese, proposta no título, restará em movimento, em incessante transformação, provocada pelo processo artístico em que contracenam pesquisador e artista, artista e pesquisador.

Como teorizar uma prática artística como parte de um processo investigativo sobre a dança, sobre o que se refletiu durante uma vivência própria através desse meio simbólico? Ora, se o teatro é tomado no sentido de lugar em que alguém se posiciona para ver, cabe também à teoria a ação de contemplar – no vocábulo de origem grega harmonizam-se a observação e o espetáculo. De acordo com o pensamento de Laban para quem a dança, uma vez exibida no palco, já é teatro[1], assume-se como teatro toda ação cuja intenção deliberada é exibir-se a alguém.

Embora apareçam, em determinados períodos, segmentados em duas categorias distintas, teatro e dança são tomados neste trabalho como fenômenos cênicos indissociáveis no tempo. Nesse sentido, o teatro-dança contemporâneo traz, nessa composição, uma discussão que nos remete às próprias origens do teatro e da dança, seja em sua forma ritual, seja em sua forma espetacular, encadeando o mito e a modernidade.

Para a compreensão do presente, não se pode desconsiderar o passado na participação do que o tornou presente; isso seria, de acordo com Régis Debray, não reconhecer a própria inovação[2]. Ou seja, ainda que se proponha uma teorização da prática artística subjetiva, não se pode abrir mão da leitura – também subjetiva – do passado, que deve ser dominada para que possa contribuir para a compreensão da prática presente, nem menosprezar a influência direta da vivência artística nessa construção teórica. A originalidade, o novo, nasce desse reconhecimento; e o desprezo pela tradição é, segundo Debray, o maior inimigo do que chamamos de progresso.

É preciso sublinhar que a história e a crítica do teatro e da dança têm sido escritas por historiadores e críticos que observam e estudam esses fenômenos cênicos a partir de uma perspectiva externa ao processo artístico e que, de modo geral, tomam como referência a obra pronta, acabada, dentro do contexto em que está inserida. Tanto a crítica quanto a história da dança e do teatro apoiam-se, para se constituírem como textos, numa construção cronológica dos fatos da arte; e é essa construção, referendada sempre *a posteriori*, que estabelece os marcos de origem. É preciso reconhecer, no entanto, que essa é tradicionalmente a posição do espectador, e que cada um ocupa posições diferentes em relação ao espetáculo.

A proposta deste trabalho é falar entre as posições do observador e do observado, é fazer valer também uma perspectiva interna ao processo artístico, um ponto em que o artista-pesquisador sente a ligação teatro-dança, colocando-se no limiar. Contudo,

1. Cf. *O Domínio do Movimento.*
2. *Transmitir*, p. 32.

SÍNTESE HISTÓRICA DANÇA E TEATRO 19

basta que se questionem esses limites para que se dissolvam, e deixem no ar a pergunta que traduz o mistério da vida e da criação: no princípio era... o quê?

É possível sustentar esse jogo de perspectivas instável, quando uma tese se define justamente como algo que se institui, que se estabelece? Por outro lado, uma dramaturgia da memória pode escrever-se sem contar com acasos, esquecimentos, arranjos lembrados como vivências? Nas palavras de Duarte Jr.: "não existe saber humano sem a participação ativa, consciente ou velada, de nossos processos sensíveis"[3]. Neste trabalho trato desses e com esses processos, e a dança-teatro é tomada como um enigma.

Falar de gênese no contexto aqui delineado põe em cena o que Ted Shawn[4], citado por Roger Garaudy[5], chamou de uma "gênese mítica". Ao propor sua própria teoria de criação da dança, Shawn leva em consideração o imaginário do criador.

Com o objetivo de se entender essa "gênese", uma alternativa é recorrer a uma imagem do que seria a dança na Grécia até chegarmos à modernidade – não mais renunciando à ambição da síntese – segundo as características que promoveram, a cada período, os momentos de "compartimentalização" e "descompartimentalização" dessas modalidades expressivas. Esses episódios descrevem o distanciamento e a reaproximação entre a dança e o teatro, ainda que se considere tal segmentação um artifício categórico. Entretanto, a ligação de ambas as modalidades à raiz única que possuem é indissociável.

A dança e o teatro como resultado de uma única fonte: a memória da gênese comum a ambos, como princípio latente, reencontra-se, em essência, ao longo dos vários estágios da história da cultura no contexto da manifestação artística, ainda que apresentado com diferentes roupagens – o que lhe disfarça a forma, mas não anula a substância. Pode-se perguntar se já

3. *O Sentido dos Sentidos*, p. 135.
4. Um dos pioneiros da dança moderna. Seguidor de Delsarte, Shawn tem, como mais importante contribuição para a criação da dança moderna e para a história da dança, o estudo sistemático dos movimentos do corpo humano e das leis de expressão das emoções.
5. Pensador francês de ideias filosóficas, políticas e sociais caracterizadas pela independência de pensamento, é referência em muitos textos sobre dança.

20   A DRAMATURGIA DA MEMÓRIA NO TEATRO-DANÇA

não se encontra nos rituais primitivos, na dança, uma dramaturgia imanente de mesma raiz fenomênica que o teatro?

Entreato 1

O recurso às referências históricas, neste percurso, tem como objetivo o resgate de uma interpretação de sentido cênico em minha prática da dança, num processo autoinvestigativo. Durante estudos na escola de música e artes cênicas da Universidade Federal da Bahia, na década de 1970, a disciplina filosofia da dança tornou-se um divisor de águas em minha vida profissional por mostrar que a dança vai muito além das técnicas estabilizadas. Pouco a pouco encontrava uma identidade em relação a questões latentes. A leitura de *Dançar a Vida*, do filósofo Roger Garaudy – tido hoje como ultrapassado –, tornou-se uma referência pessoal capaz de representar a quebra de códigos estabilizados, que naquela época faziam parte da minha formação de bailarina.

O artista que descreve, analisa ou conceitua seu próprio processo criativo, parte de sua vivência, o que torna a subjetividade um objeto de investigação. Estamos cientes, contudo, de que uma das características fundamentais da pesquisa é o grau de consciência do autor e o pleno domínio intelectual sobre o objeto de estudo e sobre o processo de trabalho. Falar da dança significa reportar-me a sentimentos, sensações e interpretações de algo que continuo vivenciando intensamente; é o retrato de uma vida inteira dedicada a essa arte amadurecida e prolongada por meio deste estudo artístico-acadêmico que exige raciocínio lógico e conceituação. Como bailarina, contudo, invoco a filosofia da dança, imaginando a primeira dança: elementos vivos em movimentos rítmicos, buscando-se uns aos outros, e combinando-se de forma harmônica, teriam dado início à vida no planeta e ao contínuo processo vital: a dança da vida ou *A Dança do Universo*, como já nos falou o físico Marcelo Gleiser.

O universo concebido de forma essencialmente pessoal. Nisso consiste a razão de ser do artista, no desejo infinito de significar seus sentimentos, sensações e interpretações da vida

SÍNTESE HISTÓRICA DANÇA E TEATRO

e do real, de tudo que não pode ser dito em um discurso comum. A visão da vida cósmica do universo através do ritmo de uma obra de arte é justamente a visão intuitiva do artista, e não a concepção científica dos sábios. Não consideramos, contudo, o artista um ser sobrenatural, mas reforçamos a ideia de sua visão intuitiva ser mais desenvolvida, visto que exercita constantemente este dom humano. E se a dança é, como declara o filósofo Roger Garaudy, um modo de existir, isso nos deixa confortável para declarar que percebemos a dança como imanente à própria vida em todos os níveis do ser, seja ele animal, vegetal ou mineral, porque a dança é energia da vida.

* * *

No contexto aqui proposto, teatro-dança ou dança-teatro nascem como ato. No princípio era o ato, diz Goethe. E eis a criação artística. O que nos leva a retomar a questão que contrapõe tese e dramaturgia da memória. Será que exigir da arte um rigor científico em vez de um rigor artístico pode anular sua qualidade de arte? Uma resposta oportuna vem de Fritjof Capra:

pode haver uma ciência que não se baseie exclusivamente na medição, uma compreensão da realidade que inclua qualidade e experiência e que, no entanto, ainda possa ser chamada de científica? Acredito que tal entendimento é, de fato, possível. A ciência, em minha opinião, não precisa ficar restrita a medições e análises quantitativas[6].

Segundo Capra, para ser considerada científica qualquer abordagem do conhecimento deve satisfazer duas condições: "basear-se na observação sistemática e expressar-se em termos de modelos autocoerentes, mas limitados e aproximados [...] Outros aspectos, como a quantificação ou o uso da matemática, são frequentemente desejáveis, mas não fundamentais"[7].

Essa temática, em Paul Bourcier, desvia-se violentamente da trilha aberta por Capra e exige um tratamento do fato independentemente de suas interpretações. A acusação de falta

6. *O Ponto de Mutação*, p. 367.
7. Idem, ibidem.

22 A DRAMATURGIA DA MEMÓRIA NO TEATRO-DANÇA

de probidade científica dirigida a alguns estudiosos da origem da dança fundamenta-se, ela também, em uma crença: a crença na possibilidade de uma narrativa única e totalizante, livre de deslocamentos e equívocos, esquecida de que é linguagem, e de que o mal-entendido a constitui.

Para Bourcier,

certos autores descrevem uma "cerimônia dançada" da pré-história: na gruta de Perche-Merle (Lot), há dezenas de milhares de anos, as mulheres vinham dançar para obter mais fecundidade. Alguns eram até mais precisos, dizendo que elas executavam uma dança em ritmo binário, com o tempo forte sobre o pé esquerdo. Como prova, as marcas que haviam deixado na argila. É, sem dúvida, uma narrativa comovente: as trevas da gruta, as mulheres dançando entre a fumaça das tochas, uma bela sequência que se presta muito bem ao sonho! Infelizmente, para essa gente cheia de imaginação, basta ir lá constatar a verdade: em Perche-Merle, só há duas marcas de pés de crianças, o direito e o esquerdo; um pouco mais atrás, uma só marca, bem escavada no chão, de um único pé de mulher, o esquerdo. É pouco para uma multidão de peregrinos[8].

Em um trabalho que encena uma dramaturgia da memória, certamente fica deslocada uma retomada do sonho como narrativa falsa que o desqualifica, embora lhe reconheça a beleza. A verdade é que, entre as marcas de pés no barro e a labanotação, a dança vem sendo discutida segundo uma sucessão de motivos que questiona suas formas de apresentação.

Etimologicamente, a própria palavra *théatron* evoca essa herança cultural que já vem imbuída do desejo de mostrar-se em público, colocar-se sob o olhar do outro, postado tanto no palco quanto na plateia. Contudo, adverte-nos o teatrólogo J. Guinsburg:

não é qualquer coisa que é teatro. Se nós caracterizarmos o teatro como algo que se produz a partir do momento em que se tem a intenção de fazê-lo, tal proposta-intenção será básica, em si não perfaz ainda o *teatro*. Pois este é um ser que se constitui, tem funções, expressão material, enfim, uma realização concreta e específica[9].

8. *História da Dança no Ocidente*, p. 1.
9. *Da Cena em Cena*, p. 13-14.

O recorte teatro-dança é, portanto, rigoroso. Rigor artístico e rigor científico executam o *pas-des-deux* da gênese comum da dança-teatro. Nessa coreografia, com base em notações de leituras, em experiências práticas artísticas e em alguns fatos da história, propõe-se uma tentativa de definição: O teatro é um todo orgânico constituído de imagens e movimentos; a dança é forma ritmicamente diferenciada de expressão da mesma energia.

O movimento humano, com todas as suas implicações mentais e emocionais, está de acordo com a arte dinâmica do teatro. As ideias e sentimentos são expressos pelo fluir do movimento, e tornam-se visíveis nos gestos e audíveis na música e nas palavras. Assim, as falas e cantos estão no mesmo fluxo dinâmico e contínuo, do princípio ao fim de um espetáculo, no corpo do ator-dançarino. Fala-se, portanto, de um teatro no sentido do corpo que se expressa "como era no princípio"; não apenas no texto escrito/falado. Desse corpo de ações faz parte o movimento das cordas vocais, por meio da fala e do canto, além de pernas, braços, cabeça, manifestando-se um todo orgânico de ações internas e externas.

No mundo ocidental, o teatro é situado como arte da cena, em oposição à dança como arte corporal; uma separação que mostra a dança como arte do corpo e do movimento, ao passo que o teatro permanece arte da palavra. Essa separação origina-se na *Poética* de Aristóteles, o primeiro teorizador do teatro de texto, e ele não considera a arte do ator ou do dançarino como categorias da arte poética. Contudo, sabe-se que a gênese da arte do ator e do bailarino provém do mesmo culto dionisíaco.

A dança, como o teatro, realiza-se pela expressão visível do movimento. Ambos são acontecimentos reais, na medida em que envolvem ações concretas de corpos reais, revestidos de uma semântica rítmica de imagens moventes, com suas diferenças apenas na concentração em ritmos e formas definidos pelo movimento em relação ao objetivo cênico.

O sentimento subjacente à arte é senso imediato de vida e dita sua unidade ritmicamente estruturada de acordo com o que se quer expressar: dor, alegria, vida, morte... O teatro e a dança encerram uma linguagem poética em que ambas as expressões têm seu desempenho manifesto por meio de um esforço visível mediante ações corporais. Nesse contexto, caminham imbricados: drama = ação = dança-teatro.

GÊNESE MÍTICA

Na espécie de "gênese mítica da dança", sugerida por Ted Shawn, "o teatro nasceu da dança, e a dança do trabalho, e o próprio Dionísio surgiu desse duplo nascimento". Quando o trabalho se transforma em uma manifestação de sentimentos, a dança surge como:

Celebração da continuidade orgânica entre homem e natureza como também realização da comunidade viva dos homens [...] essa gênese mítica nos faz tomar consciência do significado profundo da "dança considerada como símbolo do ato de viver [...] e como fonte de toda a cultura [...], pois não foi apenas o teatro, da tragédia grega ao nô japonês, que nasceu da dança [...], mas também o canto, a música e a poesia, cuja medida nasce do trabalho e da dança: o metro é a batida rítmica dos pés (termo que se usa para definir o octossílabo e o alexandrino). O iambo, o troqueu, o dáctilo, o espodeu e o anapesto são a formalização desses ritmos elementares dos gestos do trabalho quando este se torna dança para aumentar sua eficácia[10].

O retorno à fusão dessas expressões cênicas, como vemos atualmente na forma de teatro-dança, não é uma manifestação exclusiva do contemporâneo, é o reflexo da indissolúvel gênese que percorre os tempos. Sendo assim, entre o que hoje se denomina "Dança-Teatro", "Teatro-Dança", "Teatro-Coreográfico", "Dança para o teatro", "Teatro de Dança", este último parece bem aplicado para denominar um tipo de teatro: por exemplo, "Teatro de Bonecos", "Teatro de Revista", "Teatro de Comédia" ou "Teatro de Rua"; não é, portanto, uma coisa nova, mas a ideia do princípio da cena, e do que se verificou no decorrer da história.

Se recorrermos à memória dessa polêmica ou a referências mais específicas, encontraremos essa característica, ou melhor,

10. R. Garaudy, *Dançar a Vida*, p. 17-19.

essa simbiose em todos os momentos da história da cena. Todos esses conceitos têm em comum a preocupação com a construção de uma dança teatral no sentido amplo de uma manifestação artística para ser mostrada a um público.

UM OLHAR RETROSPECTIVO: A CONTRAFUSÃO

Se olharmos para o passado a partir do presente, podemos notar uma fusão recorrente entre teatro e dança. Entretanto, o que vigora no cenário atual é a ideia de que há entre o teatro e a dança uma distância bastante significativa.

O que consideramos distanciamento é especialmente a separação entre "artes cênicas" e "artes corporais", como se não fosse o corpo-em-arte o veículo das artes cênicas. A dança muitas vezes é reduzida à categoria de mero treinamento corpóreo-muscular, quando deveria obedecer aos mesmos princípios de "verdade cênica" que envolvem a criação teatral, aos mesmos princípios vivos (ações internas) tratados pelas práticas de teatro. O ator-dançarino move-se de acordo com os sistemas preestabelecidos de técnicas que levam, é verdade, ao adestramento corporal.

Executada como mero preparo físico muscular externo, a dança distancia-se da origem fusional destacada neste trabalho como constitutiva do processo criativo teatral: "da pista circular onde os pisadores dançavam cantando o 'ditirambo' para 'evocar os deuses e o drama'"[11]. Os pisadores não falavam, dançavam e cantavam isoladamente. Eles dançavam, cantavam e falavam ao mesmo tempo, manifestando-se de forma "uníssona"[12] em uma verdadeira "celebração da vida".

Um passeio pela história da dança na Grécia permite observar que essa fusão já se põe em cena entre teatro e vida. Do nascimento à morte, essa civilização é impregnada pela dança, "dom dos imortais", ritos religiosos pan-helênicos ou locais, cerimônias cívicas, festas, educação das crianças, treinamento

11. Idem, p. 18.
12. No sentido de fazer vibrar a mesma energia rítmica. Diz-se quando todos os componentes de um grupo em uma coreografia "pulsam juntos".

26 A DRAMATURGIA DA MEMÓRIA NO TEATRO-DANÇA

militar, vida cotidiana. A dança estava presente em toda parte, como se pode observar na seguinte descrição histórica:

Todas as narrativas lendárias gregas situam em Creta a origem de suas danças e de sua arte lírica: foi na "ilha ascendente", segundo o qualificativo de Homero, que os deuses ensinaram a dança aos imortais, para que estes "os honrassem e se alegrassem"; lá foram reunidos os primeiros "Tiases" (grupos de celebrantes) em honra de Dionísio; lá foram compostos os primeiros ditirambos [...]; lá nasceu o *choros* trágico e a própria tragédia[13].

A dança grega aparece como "ato total" porque "era de essência religiosa, dom dos imortais e meio de comunicação com eles"[14]. A dança dionisíaca, dança da loucura mística, tornar-se-á cerimônia litúrgica de forma fixa inscrita no calendário; depois, cerimônia civil, antes de tornar-se "ato teatral", gesto simbólico. A dança gestual, obedecendo a uma dramaturgia do gesto, nasce do gesto significado pelo executante, e constitui um elo de memória ancestral que perdura até os dias de hoje. Quando o executante recebe um estímulo-tema e faz uma associação, ele executa uma ação da qual se pode recortar o movimento simbólico, ou pode simplesmente expressar, num único gesto, a síntese do significado de uma vivência pessoal. No momento em que o criador-executante processa o estímulo-tema, entram em jogo processos analógicos que envolvem sua memória ancestral, corporal e religiosa, buscando o encontro com sua força criadora.

A dança manifestada por gestos simbólicos aparece como registro visual tanto entre os egípcios quanto entre os prováveis dançarinos dionisíacos. Depois, há registros de sua prática entre os etruscos e faz parte do material *orquéstrico* dos dervixes: "após ter passado pela dança religiosa dos sufis, o *sâma*, associada à dança por giros. Perenidade surpreendente"[15].

No teatro-dança o gesto simbólico é fundamental e também se caracteriza pela repetição. No teatro-dança de Bausch, por exemplo, dançarinos executam repetidamente o gesto na dança

---

13. P. Bourcier, op. cit., p. 20.
14. Idem, p. 22.
15. Idem, p. 21-22.

SÍNTESE HISTÓRICA DANÇA E TEATRO 27

gestual, redimensionando-o no espaço e no tempo. A repetição, levada ao limite, provoca uma quebra na representação, que almeja o traço mais simples dos gestos em sua matriz geradora: a ancestralidade do movimento humano. Na mobilização da memória arquetípica, o executante busca o *religare* às vibrações do universo. Cada executante, por meio de suas buscas simbólicas, singulares, reporta-se ao encontro com o que acredita ser sua originalidade para expressar-se artisticamente.

Como acontece no teatro-dança atual, a *orquéstrica* era o entrelaçamento entre teatro e dança. Dionísio, deus múltiplo que tem na dança a forma mais antiga de manifestação, ilustra o princípio do teatro-dança com seu aspecto trinário[16]: poesia, música, gesto, todos juntos. "É a *mousiké*, é a *choreia* dos Trágicos". Neste trabalho, o teatro-dança é a simbiose da ação de movimentos simbólicos do corpo todo. A música, a fala, o gesto e o cenário nascem de um único sentido, de um "Grande Objetivo", como diz Stanislávski.

CONTEMPORÂNEO DE HOJE
OU PÓS-MODERNISMO

A caminhada de retorno às origens do teatro e da dança, redimensionada, traz (nela) a marca das ideias que estiveram em ebulição no século xx no Ocidente, entendidas como modernismo, isto é, uma volta aos elementos "brutos" do movimento; recusa e contestação dos gestos rigorosos e artificiais compostos "intelectualmente"; abolição dos códigos preestabelecidos com o intuito de desformalizar as técnicas instituídas anteriormente. Esse movimento não se preocupa com o conceito clássico de beleza estética; é um movimento que traz à baila a contestação, negando a idealidade pura de uma obra. Descarta o enredo, a melodia, a linearidade e a virtuosidade dos cânones, valorizando o impulso interno do executante-criador.

As inovações verificadas na cena de hoje "parecem" provocar nos executantes estados psicossomáticos que se refletem no espectador e deslocam as noções restritivas de sua vida cotidiana,

16. Idem, p. 22.

fazendo-o vibrar em um ritmo "original" (orgânico), como na gênese da cena. Remontam, talvez, às origens "do estado dionisíaco". Assim, o círculo tenta fechar-se, e a dança procura voltar, liberta de fronteiras classificatórias e restritivas, a seu papel primitivo de "transe sagrado", na fusão do corpo e espírito do atuante e do espectador.

Uma volta à Idade Média, numa visão panorâmica, encontra, por exemplo, um breviário de Rouen, datado do século XII, que descreve um drama representado no coro da catedral por ocasião do Natal; comporta rubricas que indicam uma ação, com deslocamentos de grupos de atores, pastores e anjos, papéis desempenhados pelos cônegos e pelas crianças do coro. Sem dúvida, esses deslocamentos aconteciam num certo ritmo em forma de dança coral.

Durante esses dramas litúrgicos – dançados por um conjunto de pessoas empenhadas em uma vivência comum – nasce, da sucessão de tempos, uma cadência, um ritmo, como na "dança-coral". A dança litúrgica e a dança ritual, como expressão da complexidade total da expressividade humana, teriam coexistido com o drama falado. Esses elementos, na visão de Rudolf Laban, originaram-se da adoração religiosa, da busca do encontro com a corrente das forças sobrenaturais que teriam constituído a origem dos seres[17]:

A dança "coral", coletiva, como uma experiência de grupo semelhante a uma orquestra. Classifica os bailarinos do mesmo modo como se classificam os cantores em tenores, barítonos e baixos. Há bailarinos que são mais dotados para os movimentos de elevação e os saltos, outros para as posições mais diretamente ligadas ao chão, outros que se situam entre esses dois polos. Na dança coral, devem ser utilizadas essas diversas aptidões, e isto para exprimir emoções específicas: os movimentos para o alto significam em geral alegria e vitória; os movimentos medianos, o sofrimento, a vergonha e o medo, e os movimentos próximo ao chão, a estabilidade ou, ao contrário, a angústia e uma exasperação do drama. [...] estrita ligação da alma e do corpo em um todo único[18].

---

17. Cf. *O Domínio do Movimento*.
18. R. Garaudy, op. cit., p. 119-120.

SÍNTESE HISTÓRICA DANÇA E TEATRO

Assim, na Idade Média, teve destaque a dança religiosa como expressão da relação entre o homem e seus deuses, uma herança popular que, embora nunca tenha deixado de ser considerada "suspeita" pela própria igreja, era usada como forma de atrair os fiéis para seus cultos. Os testemunhos mais importantes sobre a dança religiosa na Idade Média são, sobretudo, os "interditos" dos quais ela nunca esteve imune.

Depois veio a visão dualista do cristianismo, que considerou o corpo como obstáculo à vida da alma. Os imperadores cristãos (a partir do século IV) condenaram a dança. "Os padres da Igreja, Santo Agostinho entre eles, condenaram essa loucura lasciva chamada dança, negócio do diabo"[19].

Na segunda metade da Idade Média, confirmou-se, na Europa Ocidental, a dessacralização da dança. Na medida em que a dança não se enquadra de forma alguma nos "cânones" da igreja, verifica-se o investimento progressivo em formas "teatrais" destinadas a substituir as práticas rituais[20]. A essência da dança continua, no entanto, a mesma do teatro permitido pela igreja.

Numa fase posterior, e perante a impossibilidade de fazer as populações renunciarem às suas práticas ancestrais, efetuou-se a regulamentação dos festejos dançados pela igreja, de modo a haver um controle de sua suposta "periculosidade". Até meados do século XVIII ainda se encontravam interpelações da igreja contra os excessos coreográficos, o que mostra que essa tática de aboli-la da liturgia não surtiu um efeito definitivo[21] de combate à vontade popular, visto que a própria proibição significa a presença do fenômeno da unidade do homem com suas práticas dançantes.

O BALÉ DE CORTE

Expulsa a dança da liturgia, que era a função essencial exercida por ela anteriormente, foram-lhe impostas regras que deram lugar a formas domesticadas, catalogadas e internacionalizadas. Enquanto a igreja dessacraliza, a corte metodiza a dança,

19. Idem, p. 14.
20. J. Sasportes, *Trajectória da Dança Teatral em Portugal*, p. 13.
21. Idem, p. 14.

A DRAMATURGIA DA MEMÓRIA NO TEATRO-DANÇA

infligindo-lhe maneiras de execução cada vez mais rígidas. O balé de corte foi, em primeiro lugar, um baile organizado em torno de uma ação dramática"[22]. A Itália passava por sua "Renascença com o *Quattrocento*" e vivia a experiência da descoberta de um gênero novo, o balé-teatro, desenvolvido com base em intenções políticas dos monarcas preocupados em retratar enredos que traziam um ponto de vista favorável à sua própria corte e que iam da propaganda à adulação. A dança de corte assinala uma nova etapa. No *Quattrocento*, ela se torna uma dança erudita e exige não somente o conhecimento da métrica, mas também dos passos.

As danças se institucionalizam e se internacionalizam de corte para corte, conhecidas por meio de tratados e da circulação dos mestres de dança nas comitivas dos príncipes e princesas que se deslocam de um reino para outro por razões matrimoniais[23]. Configura-se, assim, um processo de adaptação da dança aos moldes europeus.

Surge nesse palco o dançarino profissional que não existia nos primeiros tempos do balé de corte, e também os mestres de dança, que partem do meio imediato dos príncipes. A partir desse momento, toma-se consciência das possibilidades da dança como expressão estética; criam-se regras para explorá-la e os primeiros documentos escritos do *Quattrocento*[24]. A dança mistura-se à política: "Ludovico Sforza utilizará seu próprio professor de dança como agente diplomático"[25]. As condições políticas evoluem impondo ao poder a manipulação do balé como meio de propaganda.

Nessa época, França e Itália estão ligadas em relação à dança, visto que, no campo do pensamento e das artes, a Renascença francesa passa pela Renascença italiana[26], contudo, a França, nos séculos XIV e XV, por conta das suas desventuras públicas, sofre uma semiestagnação na evolução cultural.

Com sua passagem ao estatuto artístico, a dança volta a florescer na Renascença italiana (século XIV), possibilitando, aos

---

22. P. Bourcier, op. cit., p. 73.
23. J. Sasportes, op. cit., p. 19.
24. Idem, p. 65.
25. Idem, p. 64.
26. Idem, p. 62.

homens da *Camerata Fiorentina* e aos da *Pleiade*, o projeto de uma "forma nova" que une música, poesia e dança, o proclamado segredo da riqueza da tragédia grega. Aspirava-se a recriar o ideal da tragédia grega, mas a prática "se afastava radicalmente do que se teorizava"[27], uma vez que a teoria baseava-se na fusão e a prática tendia a uma compartimentalização.

De outra forma, bailado e ópera derivam das mesmas fontes da Renascença italiana. Assim, ambos os movimentos brotam de uma estética que concebe o espetáculo ideal como o resultado da perfeita fusão das diferentes artes em uma só[28].

Ressaltando tais fatos, verifica-se que, mesmo na busca de um (suposto) código novo, o balé não deixa de ser arte teatral e, apesar de tender para a assimilação musical, essa dança conserva o gosto pela *mise en scène*. Expressões como "espetáculo ideal" e "diferentes artes em uma só" evidenciam uma fusão idealizada que não se sabe ao certo se era assim configurada. O teatro-dança atual, por sua vez, não é um agregado de expressões, mas um conjunto em que um elemento complementa o sentido do outro de forma interligada. As distintas formas de expressões cênicas materializam-se de maneira simbiótica. As fronteiras entrecruzam seus limites sutis em ações de movimento.

Esse teatro-dança atual, diferentemente do citado código novo para o qual se fazia necessário o uso explicativo dos libretos, não necessita de explicações prévias: é aberto às interpretações de cada espectador. A prática antiga, entretanto, como a atual, tem o mesmo ideal: descompartimentalizar as diferentes ações cênicas. Os criadores (de épocas passadas), contudo, acreditam estar realizando a fusão; juntando o libreto, a fala, o canto e a dança, pensando estar "dignificando dramaticamente o balé de corte".

Entreato 2

Uma vez que não pode ser definida como *uma arte* narrativa, à dança não compete contar uma tragédia com a eficácia

---

27. Idem, p. 37.
28. J. Sasportes, *Pensar a Dança*, p. 9.

32 A DRAMATURGIA DA MEMÓRIA NO TEATRO-DANÇA

do teatro declamado ou lírico, razão pela qual necessitava do complemento de outras expressões cênicas. A dança reivindica, então, independência. Enquanto o bailado liberta-se do quadro do espetáculo lírico teatral, ela tenta tornar-se uma arte em "si mesma", uma arte autônoma, independente do drama cantado, como se da ação cênica não fizessem parte os movimentos do corpo todo, incluindo o movimento das cordas vocais.

Que teatro-dança é possível propor nesse cenário? Um teatro--dança que possa contar uma tragédia valendo-se da narrativa de ações do corpo todo, incluindo a fala e o canto. Segundo o *Dicionário de Teatro* de Pavis, toda *interpretação* cênica toma necessariamente partido de uma leitura de texto cênico, abrindo portas a novas possibilidades de *sentido* que não encerram o indivíduo em uma leitura única e estabilizada. A eficácia negada à dança pelos críticos da época renascentista fundava-se na *mímesis* como representação da natureza verdadeira, imitação do representado.

O movimento por constituição é ação, a ação das cordas vocais no ato declamatório ou no canto tem ritmo e, desse ponto de vista, é essência da dança. Também se pode dizer que qualquer corpo que se movimente é dança, independentemente da intensidade de movimento dos braços, pernas e tronco do executante, o que é considerado normalmente dança. Os coreógrafos das épocas até aqui contempladas ressaltaram a pantomima como capaz de ilustrar melhor a narrativa do drama, não se dando conta "da ambiguidade que torna imprecisos os limites entre a pantomima e a dança"[29], de que pantomima e dança não possuem diferenças precisas. Uma vez que não se reconhece um limite definido entre dança e pantomima, não se podendo determinar essa divisão implícita a ambas as formas expressivas, é então que se busca justamente uma "descompartimentalização".

* * *

Muitos criadores do período da Renascença até o momento das reformas de Noverre[30] (1727-1810), não lograram êxito

29. M. Monteiro, *Noverre*, p. 15.
30. Noverre propôs o "balé de ação"; ou a independência da dança = sem declamação, sem canto, e com avançada reforma no figurino. Em 1759, publicou

SÍNTESE HISTÓRICA DANÇA E TEATRO   33

na externalização da forma do espetáculo desejado. Apesar de a dança chamar a si o canto e a declamação, os quadros nos espetáculos eram criados sem nenhuma relação entre eles: o poeta escrevia o libreto – geralmente com base na mitologia – e passava-o ao músico-compositor e, quando a música estava pronta, era entregue ao coreógrafo e os elementos só se juntavam no momento da apresentação. Tratava-se, assim, de uma compartimentalização do espetáculo. O libreto era um esforço para distinguir a dramaticidade do bailado, e os coreógrafos eram obrigados a fornecer ao espectador um conhecimento prévio da ação.

O balé buscava independência, mas não se sustentava por si, e a utilização abusiva dos libretos, com excesso de descrições dos balés encenados, podia servir de alvo para ataques aos melhores criadores do gênero. Segundo Sasportes, essa era uma atitude que "apelava para uma verdade dramática"[31]. A partir dos idos de 1760, na Itália, na França e em Portugal vão se verificando as tentativas de "dignificar dramaticamente o bailado"[32]. No século seguinte, a dança desenvolveu-se buscando uma evolução técnica mais exigente. Fruto da organização de mestres que tinham as danças de corte à sua disposição, o material derivado do balé de corte foi, em primeiro lugar, "organizado em torno de uma ação dramática"[33]. Surge, então, um gênero novo: o balé-teatral.

A INVENÇÃO DA DANÇA CLÁSSICA

A morte de Luís XIII marca o fim de uma sociedade, de uma cultura. Após seu reinado, o balé de corte será mantido em estado de sobrevivência artificial: procura-se, ao mesmo tempo,

---

suas *Letteres sur la danse et le ballet,* que abriram caminho para o romantismo. Noverre definia como o *ballet d'action,* isto é, "uma ação expressa pela dança": "a ação, na dança, é a arte de fazer passar emoções e ações, a alma do espectador pela expressão verdadeira de nossos movimentos, de nossos gestos e do nosso corpo".

31. *Trajectória da Dança Teatral em Portugal,* p. 43.
32. Idem, ibidem.
33. P. Bourcier, op. cit., p. 73.

34 A DRAMATURGIA DA MEMÓRIA NO TEATRO-DANÇA

uma forma nova de espetáculo dançado e uma técnica mais específica do que as da dança de corte[34].

Na versão de Garaudy, o balé nasce do cerimonial da corte italiana e dos divertimentos da aristocracia do século xv[35] – a festa de casamento da bisneta de Lorenzo il Magnífico, Caterina de Médici, com o Duque de Orléans, levou para a França, juntamente com um grupo de bailarinos e músicos, o coreógrafo Baldassarino de Belgiocoso, citado por Sasportes como o nome afrancesado Balthasar de Beaujoyeux. "Beaujoyeux concebe o balé como uma ação falada, cantada e dançada"[36] – o conjunto do espetáculo, e não somente os seus passos. Na França, a evolução tem em vista a dupla "música vocal-dança"; na Inglaterra, caminha na direção da dupla "texto falado-dança".

Esse coreógrafo concebe o balé de corte transitando para o balé clássico como uma ação falada, cantada e dançada. Sasportes acrescenta ainda que "novas danças de salão [...] seriam, aliás, as primeiras bases da técnica da dança clássica"[37].

Essa nova forma da dança surge reaproximando-se da raiz do passado: "O movimento se desenvolveu na Itália com a ópera, que nasceu em 1597, do desejo dos nobres florentinos de reviverem o coro da tragédia antiga: nove anos depois da 'Dafne' de Jacopo Peri, primeiro drama musical, Monteverdi criou 'Orfeu'"[38].

É na França, porém, que o balé floresce especialmente. Assim, em 1581, o primeiro Ballet Comique de la Reine é representado com uma suntuosidade inédita no salão do Louvre, que foi transformado num jardim encantado pelo coreógrafo italiano Baldassarino de Belgiocoso, radicado na França sob o nome de Balthasar de Beaujoyeux, como citado anteriormente. Esse primeiro balé *Circe* exerceu uma influência decisiva sobre o balé teatral, criando as bases para a formação dos futuros corpos de baile e abrindo novos horizontes para o balé clássico. O "maître" (coreógrafo) Beaujoyeux, proclamado revelador da antiga "orchestrica" grega, gaba-se, desafiando Arquimedes,

34. Idem, p. 107.
35. R. Garaudy, op. cit., p. 30.
36. Idem, p. 86.
37. *Trajectória da Dança Teatral em Portugal*, p. 35.
38. R. Garaudy, op. cit., p. 30.

SÍNTESE HISTÓRICA DANÇA E TEATRO

de criar as melhores proporções geométricas das danças que as princesas e as damas da corte executaram nesse balé[39].

Michailovski diz que assim foi lançada a sorte do balé clássico europeu, cujo jargão, "balé teatral", sugere a gênese comum entre dança e teatro. Para o autor, assim como na vida das tribos, a dança, a declamação, o canto e a música formam uma mistura teatral única que acompanha todas as essenciais manifestações da vida da corte nos séculos XVI e XVII na Europa. E conclui, afirmando que "desta mescla, desta fusão de arte e de vida, nasceu essa flor estranha – o 'balé clássico', na palavra de Julie Sazonova"[40].

A discussão sobre os gêneros comédia e tragédia domina a poética medieval, o que contribui para que a Renascença traga com intensidade, para o balé europeu, uma estrutura dramática, substituindo a trama mística medieval pelo novo fundo pagão, emprestado à mitologia da Antiguidade Clássica[41]. Dessa forma, o balé clássico é assim denominado porque,

voltou os seus olhares para a Antiguidade Clássica, em uníssono com a tendência da própria época, de onde vieram a nova sabedoria, a nova mitologia com as crenças pagãs, os novos temas para o balé espetacular. Ele mergulhou audaciosamente no mundo misterioso dos deuses e dos heróis da Antiguidade[42].

São necessários trinta anos até que um mestre do gênero, Pierre de Beauchamps, defina o essencial para a técnica do balé classico[43]. Quanto à forma de espetáculo, há uma tentativa de introduzir o balé francês na ópera italiana.

De acordo com Bourcier, quem faz da dança um acessório para suas tragédias líricas é Lully, criador de balé e intérprete; um dos bailarinos trazidos para a França por Mazarino, e que vem a se tornar diretor da Academia Real de Música e Dança. Colabora com Molière para criar as *Comédies-ballets – Le Bourgeois Gentilhomme*, balé de Lulli que acompanha uma comédia de Moliére. Além de autor teatral, Molière era ator em

---

39. P. Michailowski, *A Dança e a Escola de Ballet*, p. 55.
40. Idem, p. 56. Sazonova era um crítico de arte da época.
41. Idem, p. 55
42. Idem, p. 53.
43. P. Bourcier, op. cit., p. 107.

36 A DRAMATURGIA DA MEMÓRIA NO TEATRO-DANÇA

suas peças e, nesse sentido, vivia na cena a essência em comum entre a dança e o teatro. Nesse momento, continua Bourcier, a função do texto recitado é a de preencher o intervalo entre as diferentes cenas dançadas e cantadas.

O que se pode dizer, nos meandros das trilhas até aqui percorridas, é que a representação do balé do século XVII era animada por uma ideia geral de ação cênica, criando uma espécie de unidade na diversidade da representação e mantendo sempre o liame íntimo com a vida real[44]. Os passos cênicos técnicos buscaram primordialmente a expansão no espaço pela elevação (o uso da sapatilha de ponta) e a imponderabilidade, contudo, não exclui o sentido dramático da sua execução – o que seria uma descompartimentalização com aparência compartimentalizada.

A REFORMA DE NOVERRE

"O ideal trágico tinha sido identificado com uma fusão das artes, imaginadas participantes igualitárias e complementares na definição do espetáculo: fusão entre a poesia, a música, a recitação, a cenografia e a dança"[45]. No século XVIII, entretanto, reivindicando a independência da dança, Noverre traz para ela um espírito de união que pode ser entendido como uma retomada. O autor sugere que tudo seja subordinado à ação; a dança passa a ter uma narrativa, com a trama do libreto ligada à palavra e à música.

A independência em relação à ópera-balé busca libertar a dança do papel de acessório, fazendo dela um elemento da narração. É preciso ler com cuidado esse papel de dobradiça da dança como arte teatral, ao mesmo tempo *parte* e *aparte*. Lendo Sasportes, pode-se perguntar: o que significa liberdade da dança para um coreógrafo que acredita que os balés seriam frios se não se unissem intrinsecamente ao drama, contribuindo para sua exposição, desenvolvimento e desenlace?

44. Idem, p. 57.
45. J. Sasportes, *Trajectória da Dança Teatral em Portugal*, p. 37.

SÍNTESE HISTÓRICA DANÇA E TEATRO 37

Entendida como separação-união, a renovação de Noverre também pode ser lida como o reconhecimento de uma necessária complementaridade entre as modalidades cênicas, uma vez que um *ballet d'action*, como o próprio nome escreve, é drama, e é material. Para Laban, a materialidade da cena engloba a fala e o canto, além dos movimentos dos braços, pernas, tronco, todo o corpo em ação dançada[46]. O drama se constitui no diálogo entre dois polos de uma individualidade mobilizada por reflexões pessoais, visíveis nos movimentos que exibem as tensões internas. Por outro lado, exibida para um público, a dança é um teatro de dança, e se é possível tomar o ritmo como elemento originário da criação do universo, a dança, encarnação do próprio ritmo, seria alicerce da ação teatral.

O *ballet d'action*, ou *Drame-Ballet-Pantomime* de Noverre, tem como foco não somente o movimento de pernas e braços, mas a interpretação das paixões naturais do homem por meio dos gestos expressivos dançantes[47]. As manifestações em louvor a Dionísio eram, nesse sentido, manifestações das paixões, sentimentos ou emoções intensas, a ponto de "ofuscar a razão" – no verbete "paixão", na rubrica *teatro*, o dicionário define-a como "peça teatral cantada" (sobre o tema da Paixão, martírio de Cristo)[48]. No teatro, mostradas a uma plateia, as paixões passam pelo filtro do intérprete-criador, mas são o registro de uma memória das mesmas paixões vividas na realidade pelo indivíduo em sua própria vida.

Noverre reivindica para a dança "a expressão das paixões naturais do homem", semelhante ao que acontece nos cultos báquicos, nos quais "o coro dança e canta a própria essência da tragédia: [...] sentimentos dos protagonistas"[49]. Contudo, exposta como gesto, forma, ritmo, espaço, a dança é medida, ou seja, reverencia também Apolo.

---

46. *O Domínio do Movimento*, p. 22.
47. P. Michailowski, op. cit., p. 63.
48. Cf. *Dicionário Houaiss*. Paixão vem do latim *passio*, *ōnis* passividade, sofrimento, mas também "entusiasmo que um artista transmite através de sua obra".
49. R. Garaudy, op. cit., p. 18.

38   A DRAMATURGIA DA MEMÓRIA NO TEATRO-DANÇA

DANÇA ROMÂNTICA

Sob o signo das reformas de Noverre, o "Drama-Balé-Pantomima", na pele do balé europeu, continua a desenvolver-se em grande escala. A técnica da dança clássica evolui, e a pantomima se enriquece tomando conta do próprio balé. A maioria dos balés, entretanto, traz ainda os títulos tradicionais do pseudo-classicismo como: *Daphnis et Pandrosse* (1802), *Anacreon* (1803), *Achille a Sayros* (1804)[50] e vários outros.

Mas, como sempre, o *ballet* se incorpora ao movimento espiritual de cada época na história da Humanidade, assim se fez [...], quando surgiu o movimento do Romantismo na Europa Ocidental com as suas exigências novas na poesia, na pintura, na música e no *ballet*. Este novo movimento espiritual negou à realidade a primazia na vida, seguindo a tendência de evadir-se para as regiões etéreas, para os sonhos, miríficos, para as visões feéricas... O amor, o sonho, a bela mulher – eis os temas que extasiam os poetas, músicos, pintores do Romantismo. O *ballet* clássico deveria seguir o mesmo caminho para corresponder ao signo da época[51].

Enquanto permanece vinculada a um papel imitativo, a dança luta para libertar-se. Ao longo dos séculos, verifica-se o abandono da ambição imitativa, das pretensões de "veracidade dramática", da subordinação da técnica à verdade das personagens na dança. A bailarina, por sua vez, caminha na ponta dos pés para um reino fantástico, com sua técnica cristalizada no virtuosismo de uma personagem alheia a qualquer realismo. Maria Taglione realiza, em 1827, a grande aspiração da dança clássica: a máxima elevação da bailarina, com uma auréola de "ente aéreo"[52]. Os elementos teatrais são evidentes na dramaturgia construída nos clássicos românticos como *La Sylphide* (1832), *Giselle* (1841), *Lago dos Cisnes* (1895), e indicam, mais uma vez, a presença de um solo comum entre teatro e dança.

---

50. Idem, p. 65.
51. Idem, ibidem.
52. Maria Taglione, ou *Marie pleine de grâce*, era, para os seus contemporâneos, a revelação divina da dança; e o seu modo novo de representar a dança sobre as pontas dos pés causou profunda admiração na Paris de 1827. Em sapatilhas especialmente confeccionadas por seu pai dançou o balé *La Sylphide*.

NEOCLASSICISMO[53]

Bourcier situa o neoclassicismo da dança associando-o ao aparecimento dos Ballets Russos de Diaghilev[54]. Para o autor, o que acontece é que o academicismo russo, encontrando na França um vazio coreográfico, espalha-se pela região. Nesse sentido, o neoclassicismo (séculos XVIII-XIX) compactua com o simbolismo no final do século XIX; em 1909, sob a direção de Diaghilev, o Ballets Russes alcança o ideal pretendido pelos simbolistas, uma vez que essa "nova dança" evocava, de forma simultânea, todas as ordens de sensações estéticas em coordenadas alegóricas como dança, mímica, música, luz e cenário. Não se pode afirmar que se tratava de uma fusão perfeita; contudo era o que se pretendia. Quando esses balés chegam a Paris, o triunfo de Wagner é absoluto e o próprio Ballets Russes pode se apresentar como uma forma de espetáculo teatral em que os diversos elementos se fundem num todo para constituírem o que Wagner denominou de *Gesamtkunstwerk* (obra de arte total)[55]. Em 1861, na montagem da ópera *Tannhäuser*, Wagner sugere uma espécie de dança dionisíaca diversa dos maneirismos do balé clássico, fora dos cânones do bailado francês[56] e como retorno às origens da gênese entre teatro e dança. Os que comungam da visão wagneriana lutam por uma dança diversa, que não se reduza à repetição de um código de passos preestabelecidos nem seja marcada pelos maneirismos do bailado. A nova escola alemã não aceitava nenhuma arte circunscrita a seu domínio próprio, recusando o bailado por acreditar que não tem nenhuma relação com a ação dramática.

Mikhail Fokine[57], desejando reformar o velho bailado, continua ligado à concepção que partilhava o princípio da aliança das artes no seio da dança. Fokine insiste na necessidade da

53. O neoclassicismo vem aqui depois do romantismo, seguindo a cronologia estabelecida por P. Bourcier, op. cit., p. 225.

54. Idem, ibidem.

55. Cada disciplina artística deveria fundir-se às outras numa unidade perfeita.

56. O bailado francês iniciou a transformação da dança na busca de sua independência, realizando a codificação dos passos. No século XIX, o bailado não existia só no seio das óperas, mas também como balés independentes.

57. Talentoso coreógrafo romântico-estilizador, último coreógrafo do Balé Imperial Russo e o primeiro coreógrafo do Ballets Russes de Diaghilev, reformador do balé clássico moderno no começo do século XX.

40 A DRAMATURGIA DA MEMÓRIA NO TEATRO-DANÇA

coerência dramática, determinante da unidade de toda obra, e à qual cada movimento devia submeter-se.

As ideias do poeta Jean Cocteau[58] estão próximas da forma como o teatro-dança atual processa o "movimento cotidiano". A proposta de Cocteau é chegar até a coreografia, executando a modelação dos movimentos, similar ao teatro-dança de hoje e diferente do bailado. O seu método habitual consiste em apropriar-se dos gestos "reais cotidianos" e elevá-los ao nível da dança nas suas criações[59]. É assim que Cocteau ultrapassa o limite dos poetas anteriores, que respeitavam o terreno do coreógrafo: quer ser o homem que faz a síntese de tudo. Entre outras peças, concebe *Mariés* (1921), uma peça-balé em que tudo se mistura – o circo, a festa popular, a dança, recitantes escondidos declamam um texto delirante que se poderia colocar entre os precursores do teatro do absurdo[60]. As evidências revelam uma unidade básica na história da cena: o drama.

DANÇA MODERNA

A fecundidade do criador faz dele um ser necessariamente inquieto, sempre em busca de novas formas de expressar a cena teatral; contudo, o ideal de volta ao primitivo é intenso nessa fase. Isadora Duncan, considerando a dança uma celebração da vida, reivindica explicitamente o desejo de retorno ao passado. Ela se coloca fora da história recente da dança no Ocidente e aspira ao passado, tempo em que a dança não era espetáculo, não era uma arte autônoma: "é à Grécia que é preciso ligar-se, pois toda a nossa dança vem da Grécia. [...] Como dar hoje à dança o seu lugar? Dando-lhe o coro. É preciso dar o coro trágico à Dança e a Dança às outras artes. O coro da tragédia é o verdadeiro lugar da Dança"[61].

---

58. O poeta teve influência sobre o Ballets Russes, e dele recebeu estímulo para sua definição como artista moderno. Em sua era deu-se uma séria substituição de uma ordem de valores por outra: Pós-wagnerianismo/antiwagnerianismo/neoclassicismo são as três etapas da evolução de Cocteau na dança.
59. J. Sasportes, *Pensar a Dança*, p. 139.
60. Idem, p. 134.
61. Idem, p. 154-155.

Outros precursores da dança moderna reivindicam para a dança seu valor teatral, e esse movimento revela que, na prática, os elementos da teatralidade são devidamente reconhecidos como indispensáveis; haja vista o que ressalta Martha Graham: "teatro e dança são uma coisa só", porque, "o teatro [...] é um jogo de formas e movimentos [...] significativos e provocantes, conclamando a celebração litúrgica da vida"[62].

Quando Graham se refere a um jogo de formas e movimentos, é porque considera, como Laban (também precursor da dança moderna), a arte do movimento no palco uma fusão: incorporação da totalidade das expressões corporais, da dança, do canto e da fala por meio do movimento das cordas vocais.

Vemos então que o ciclo iniciado com a análise do teatro--dança contemporâneo e a retrospectiva acima descrita faz-se, em espiral, num retorno a uma raiz comum, à gênese presente nessas duas modalidades de um mesmo fenômeno expressivo.

A FUSÃO ATUAL

A ideia atual de uma fusão dança-teatro/teatro-dança remete a Rudolf Laban. Preocupado em resolver problemas fundamentais do "movimento", preconiza, junto aos atores e em suas práticas, a reflexão sobre o ritmo da vida contemporânea. O coreógrafo diz que a arte teatral deve ajudar o espectador a compreender os atos da vida em sua totalidade: consequentemente, essa premissa deve estar envolvida na prática do ator--executante, na sua forma de se expressar.

O que traz de novo essa ideia de fusão atual? Laban ancora a dança em sua época e seus problemas, aceitando, contudo, compor com a dança clássica e o teatro de ópera. Trabalha, porém, enaltecendo um pensamento motriz mais do que verbalizado, em função de experiências vividas, de sensações e reações ao imediato próprio a cada individuo. Laban não atribui nenhum nome aos passos, mas fala de dinâmica, de pôr em movimento, e fala também de ritmo das rodas da engrenagem do corpo para uma expressão vital.

---

62. M. Graham, apud R. Garaudy, op. cit., p. 97.

42 A DRAMATURGIA DA MEMÓRIA NO TEATRO-DANÇA

Kurt Jooss, por sua vez, pesquisa uma forma coreográfica dramática em relação com o libreto, a música e, sobretudo, com os intérpretes. Integrando a dança clássica (salvo as pontas e as baterias) na formação do bailarino-ator, Jooss absorve, ainda, na sua escola, as danças de salão e as danças folclóricas.

Das realizações desses dois precursores, marcadas pelo espírito do tempo, podemos encontrar ecos na abordagem de Pina Bausch, mesmo tratando esse foco diversamente. No teatro-de--dança pina-bauschiano, essa fusão desenrola-se em um processo criativo que parte de uma matriz-estímulo-pergunta (ação motriz), da qual pode nascer a ação-movimento do canto, da fala, da música, do cenário, compondo uma dramaturgia e sugerindo a busca de uma "arte total", que não é exatamente a que Wagner idealizou no seu projeto, e que ele próprio não conseguiu realizar. Todavia, o toque do martelo na bigorna wagneriana ainda ressoa, na medida em que contém a ideia de realizar uma obra cujas sensações se respondem, e tecem, pelo seu entrecruzamento, uma única coisa, "recuperando o projeto wagneriano da (*Gesamtkunstwerk*)", como diz Guinsburg[63].

Os criadores projetam-se na história dialogando com os seus respectivos tempos. Desse diálogo emergem as contrariedades do desejo da dança: afirmar-se como independente e, ao mesmo tempo, reivindicar um retorno às origens. Origens que se perdem no passado e se buscam no futuro, fazendo vibrar as belas palavras do poeta Goethe: "Não podemos absolutamente conceber a ideia do começo; por isso, quando vemos nascer uma coisa, pensamos que ela já existia [...] – é a vida – o movimento circular da 'mônada' à volta dela própria"[64].

Nesse movimento, mesmo buscando independência, tanto o teatro como a dança necessitam um do outro para se completarem e, dessa maneira, estão sempre unidos "numa experiência *única* para o espectador, sem deixar de conservar para cada uma delas seu poder específico"[65].

A dança, entendida como uma imersão total no fluxo do movimento, põe-nos em contacto mais intenso com um meio

63. Em R. Cohen, *Work in Progress na Cena Contemporânea*.
64. Apud P. Michailowsky, op. cit., p. 23.
65. Idem, p. 184.

SÍNTESE HISTÓRICA DANÇA E TEATRO 43

que transporta e impregna todas as nossas atividades[66]. Essa fusão também se dá na busca da revelação do "homem total"[67] em contraponto com o ego, recuperando "a realização da comunidade viva dos homens"[68].

OUTRAS CONSIDERAÇÕES

O teatro, desde os gregos, é alvo de exame especulativo. Como a dança, busca independência; entre outros caminhos, pelo primado da palavra. Não se sustenta, entretanto, com a utilização da "palavra pela palavra"[69], com ênfase na retórica. Esses "fracassos" são reveladores de que a dança não é "arte em si", assim como o teatro não é a "arte da palavra" simplesmente porque é, antes, a arte da ação, do movimento, do gesto.

Langer pode ser convocada para reforçar essa relação entre teatro e dança: ambos são "uma arte poética, porque ela cria a ilusão primária de toda poesia – [...]. Sua substância é uma imagem da vida humana – fins, meio, ganhos e perdas, realização, declínio e morte. É uma estrutura da experiência ilusória, e esse é o produto essencial da *poiésis*"[70]. Descortina-se, assim, a importância de dar ênfase à ligação entre essas artes, afirmando a importância que têm em comum ao significarem simbolicamente uma concepção de mundo e da sociedade, ou seja, uma imagem da vida humana.

Para Maurice Béjart, dança e teatro são, desde sempre, uma coisa só. O coro da tragédia grega dançava e cantava: "separar o teatro da dança é a aberração de uma civilização que quer destrinchar, retalhar, compartimentar [...] temos que recriar a unidade entre as diferentes disciplinas. Na África o poeta é ainda o ator, dançarino, músico e cantor"[71].

Verifica-se, assim, de forma recorrente, um afastamento que não se sustenta e que é sempre seguido pela reaproximação

66. R. Laban, *Danza Educativa Moderna*, p. 101.
67. O homem total refere-se ao processo de "individuação" citado por Jung; é a busca de cada um ser ele mesmo no encontro com sua própria essência.
68. R. Garaudy, op. cit., p. 17.
69. Diz-se do texto simplesmente declamado.
70. S. Langer, *Sentimento e Forma*, p. 318.
71. Apud R. Garaudy, op. cit..

A DRAMATURGIA DA MEMÓRIA NO TEATRO-DANÇA

à raiz. Esse movimento de idas e vindas é sempre orquestrado pelos criadores dos vários períodos da história. Além dos períodos citados, também se destacam: a *Commedia dell'Arte* (século XVI), que faz o uso de um enredo a partir do qual se desenvolve toda a ação dramática: fala, dança, pantomima e música, uma ação desencadeava outra de forma interligada. O barroco (século XVI), o barroco tardio (século XVII), o classicismo (século XVIII) e o rococó (século XVIII) seguem a tradição; reúnem a dança a elementos como a declamação, a pantomima, o canto e outros recursos.

"Suspira uma sustança sustentada por um sopro divino. Que sobe pelos pés da gente e de repente se lança". Eis o que se (en)canta nos versos do artista[72]. A substância grega atravessa os tempos, categorizada, regrada, desestabilizada... A dança moderna propõe quebrar os códigos do balé clássico, mas leva ao palco os *pliés*, *sautés* e *pirouettes*, embora com outra roupagem; a dança contemporânea, por sua vez, surge do desejo de quebrar os códigos da dança moderna, mas também não a abandona de vez, e volta a redimensionar os códigos anteriores.

Encena-se nessas idas e vindas a afirmação de Debray na abertura deste capítulo: o passado participa do presente e o presente alimenta-se do passado. Cada obra do teatro vive o jogo movente dos diversos elementos técnicos já estabelecidos – intérpretes, luz, cenário, música, fala, canto etc. – mais a incorporação de novos mecanismos e acontecimentos que a contemporaneidade permite.

72. G. Gil, *De Onde Vem o Baião*.

3. O Teatro-Dança de Pina Bausch

"Como se bastasse inventar uma palavra para definir um conceito, como se o sufixo fizesse o saber... Como se análises modestas e sutis não servissem melhor ao conhecimento do que um arbitrário efeito de imposição"[1]. Eis, então, nas palavras de Debray, o estudioso do problema da transmissão, o desencontro entre as palavras e as coisas; desencontro que pode se fazer divergência quando essas coisas vivem da experiência estética e exigem sutileza para fazer delas algo que se possa tomar como um conhecimento.

O teatro-dança não é uma manifestação de origem puramente alemã; todavia, o teatro-dança de Pina Bausch – atualmente a mais importante propulsora dessa modalidade no universo das artes cênicas – é o mais autêntico representante da corrente alemã vinda de Laban e Jooss. A encenação do espetáculo *Fragmente* (Fragmentos), em 1967, é considerada um marco da nova era do teatro-dança alemão impulsionado por Jooss desde a década de vinte[2]. Daí em diante, Bausch segue encenando suas peças com "dimensões teatrais".

1. R. Debray, *Transmitir*, p. 10.
2. Idem, p. 6.

46 A DRAMATURGIA DA MEMÓRIA NO TEATRO-DANÇA

Em 1973, quase quarenta anos depois de o mestre Jooss ter cunhado o termo *Tanztheater*, Bausch retoma com força uma ideologia de expressão cênica. Torna-se diretora do balé do Teatro de Wuppertal, e troca o nome para Wuppertal Tanztheater. Dessa forma, ao longo de mais de trinta anos sob a condução dessa artista, o teatro-dança mantém-se e renova-se, revolucionando o mundo da cena contemporânea dessa forma de arte. As rupturas introduzidas na dança pela coreógrafa acordam nos espectadores uma nova percepção que subverte a constância ocidental da linearidade da cena herdada do século XIX. Não surpreende, então, que Bausch se distancie da dança "pura". E ela mesma declara, ao assumir a direção do Tanztheater, que não lhe interessava como se moviam as pessoas – buscava o que as movia, comovia, o plano das emoções mais que o das formas[3].

O *Tanztheater* bauschiano revela-se um híbrido, um terceiro gênero que não se reduz à soma de teatro e dança. Não é realizado por atores que dançam ou atores específicos de teatro, dança e canto, como os de teatro de musicais, mas por participantes capazes de utilizar o corpo em sua totalidade expressiva. Totalidade expressiva pouco utilizada por muitos outros grupos desde que "o inteligível e o sensível vieram, pois, sendo progressivamente apartados entre si e mesmo considerados setores incomunicáveis da vida, com toda a ênfase recaindo sobre os modos lógico conceituais de se conceber as significações"[4]. A atuação bauschiana se dá, em larga medida, com base na sensitividade sua e de seus dançarinos.

A história do teatro-dança se renova na investida dessa diretora-coreógrafa, conhecida hoje, sobretudo, por sua obra ideologicamente bem próxima do teatro sonhado por Kurt Jooss, mas, agora, em um contexto que revoluciona a estrutura cênica. É o caso, por exemplo, da narração em continuidade e sem o uso das palavras, proposta por Jooss, que é transformada em narração não linear com o uso das palavras. Todos os elementos dessa revolução podem ser encontrados em uma

3. J. Schmidt, Experimentar lo que Conmueve al Ser Humano in Teatro Danza Hoy, em J. Schmidt e E.-E. Fischer, *Teatro Danza Hoy: Treinta Años de Historia de la Danza Alemana*, p. 7.
4. J. F. Duarte Jr., *O Sentido dos Sentidos*, p. 163.

O TEATRO-DANÇA DE PINA BAUSCH

vasta bibliografia; interessa, contudo, a este trabalho uma compreensão vivencial do teatro-dança dessa criadora.

UMA COMPREENSÃO PELOS SENTIDOS

Como compreender por meio dos sentidos? Duarte Jr. fala do sentido como o que "remete à nossa percepção do mundo, numa referência aos 'órgãos dos sentidos' e também àquela faculdade que, supõe-se, possuímos e os transcenda: nosso 'sexto sentido', que aponta uma intuitiva capacidade de conhecer"[5].

A convivência prática com Pina Bausch, que faz parte também deste trabalho, propõe uma experiência vivencial particular, uma experiência artística e, portanto, de uma ordem não universalizável, que exige outros meios de conhecimento, outra escuta, outra ótica. Contudo, se compreender é abranger intelectualmente⁻ e não pela via da emoção, da paixão, como lidar com a divisão entre prática e teoria, quando esta última exige vivência e convivência que exclui justamente a abrangência da compreensão teórica?

Minha pesquisa iniciada em 1999 já expunha a dificuldade de se trabalhar com dicotomias estabelecidas. Fazer prevalecer a prática sobre a teoria, no entanto, apenas inverte os termos. Uma alternativa: a recomendação de Pina Bausch na época – *be yourself!* (seja você mesma!). Outra alternativa: deixar que a arte fale por entrelinhas, que aconteça na trilha de um trabalho acadêmico, pedindo passagem para sua evolução, a despeito da insegurança quanto ao resultado.

A recomendação levada a sério, liberta para a apresentação de uma visão pessoal e sensível dessa experiência, para a qual busco respaldo nas palavras do mestre Maurice Merleau-Ponty:

Tudo o que sei do mundo, mesmo devido à ciência, o sei a partir de minha visão pessoal ou de uma experiência do mundo sem a qual os símbolos da ciência nada significariam. Todo o universo da ciência é construído sobre o mundo vivido, e se quisermos pensar na própria ciência com rigor, apreciar exatamente o seu sentido

5. Op. cit., p.11.

A DRAMATURGIA DA MEMÓRIA NO TEATRO-DANÇA

e seu alcance, precisamos primeiramente despertar essa experiência do mundo da qual ela é expressão segunda. [...] eu não poderia apreender nenhuma coisa como existente se primeiramente eu não me experimentasse existente no ato de apreendê-la[6].

A Ida

Desde os primeiros passos em direção a Wuppertal já havia um encontro marcado com o que poderia responder às minhas questões como coreógrafa, mesmo que tais respostas não estivessem nos lugares em que eram procuradas. Não se tratava de sair "à cata" de modelos. A percepção veio da participação ativa nesse processo criativo no qual houve a possibilidade de um mergulho profundo em busca de pontos que viessem a enriquecer as vivências por meio da sensibilidade. Ou melhor, uma experiência sensível que fizesse parte de um processo vital, tal qual a respiração, a procriação ou o crescimento. Buscava então uma maneira de sair do usual, que era a utilização das técnicas estabelecidas da dança como expressão de sentimentos.

A ideia de trabalhar um processo criativo próprio, a partir do qual pude deduzir uma dramaturgia na memória e da memória veio à tona em reflexões em grande parte motivada pela convivência com essa criadora, que me possibilitou enxergar melhor o caminho a seguir. Nesse caminho, encontro algo que não pode ser compreendido como um conhecimento (catalogado, semiotizado, enformado), mas tão somente como um "nó" inscrito em uma conduta a ser expressa por meio da peculiaridade construída no silêncio – silêncio que é atravessado pelo que não pode ser conhecido, uma vez que é indeterminado. De acordo com Merleau-Ponty:

precisamos reconhecer o indeterminado como um fenômeno positivo. É nessa atmosfera que se apresenta a qualidade. O sentido que ela contém é um sentido equívoco, trata-se antes de um valor expressivo que de uma significação lógica. As qualidades determinadas, pela qual o empirismo queria definir a sensação, são um objeto, não um elemento da consciência, e é o objeto tardio de uma

6. *Fenomenologia da Percepção*, p. 3-4.

consciência científica. Por esses dois motivos, ela mais mascara a subjetividade do que a revela[7].

Não sendo uma técnica ou método preconcebido, o percebido chega como um saber subjetivo transmitido ao outro. Esse outro, durante o processo, não sabe que está aprendendo, porque nesse momento instala-se o que se caracteriza como "falha"; é o ponto do "fracasso", como diz a psicanálise lacaniana. Esse fracasso não é da ordem de um saber ao qual falta algo que o completaria. Trata-se de um saber marcado por uma falha que o constitui. O que fazer disso? (o estímulo-pergunta-provocação) De que maneira fazer? Por que fazer? "Dou ouvidos ou olho à espera de uma sensação e, repentinamente, o sensível toma meu ouvido ou meu olhar, eu entrego uma parte do meu corpo ou mesmo meu corpo inteiro a essa maneira de vibrar e de preencher o espaço"[8] dessa falha.

A explosão de associações provocadas por essa sensação é enriquecida pelo desejo de produzir algo da marca de um significante constituído dessa matéria de que somos feitos: as nossas histórias vividas, imaginadas, sonhadas. Mas,

o sujeito da sensação não é nem um pensador que nota uma qualidade, nem um meio inerte que seria afetado ou modificado por ela; é uma potência que conasce em um certo meio de existência ou se sincroniza com ele. As relações entre aquele que sente e o sensível são comparáveis às relações entre o dormidor e o seu sono: o sono vem quando uma certa atitude voluntária repentinamente recebe do exterior a confirmação que ela esperava. *Eu* respirava lenta e profundamente para chamar o sono e, repentinamente [...] há pouco desejado por mim, torna-se meu próprio ser[9].

Não é fácil entender o processo bauschiano e materializá-lo com a devida justeza. É necessário um tempo; tempo em que o olhar da pesquisadora quer ir além do sentimento da intérprete e procura o devido distanciamento de seu objeto de investigação, ao mesmo tempo em que a intérprete "veste a pele" do que tem a mostrar. À medida que esse tempo de aprendizado

7. Idem, p. 27-28.
8. Idem, p. 285-286.
9. Idem, p. 285.

50 A DRAMATURGIA DA MEMÓRIA NO TEATRO-DANÇA

se torna mais claro, como uma tomada de consciência, percebe-se que o que produz agitações internas não é efeito de uma fórmula, mas de condutas que dependem da capacidade de enxergar "no ar", de entender como processar respostas despojando-se de modelos. Essa percepção passa pelo registro do que não é dito, mas pode ser sentido pelos canais da sensibilidade; são registros que significam o percurso imaterial que se deve percorrer no momento em que se toma conhecimento da pergunta-estímulo. Esses caminhos são fundamentais para que as respostas sejam descobertas e haja encontros inusitados.

Durante esse tempo necessário, um momento de transmissão do estímulo (pergunta) instala um vazio com o qual não se sabe o que fazer. Um vazio interior acompanhado de uma "angústia de trabalho"[10] que questiona – o que fazer com esse vazio? –, mas nesse nó algo está vivo na vontade de uma realização, que produz uma explosão de associações entre o eu e o tema (pergunta). No meio dessas associações vem a necessidade de encontrar uma verdade que corresponda a uma realidade, colocando em cena algo que não seja uma imitação do aspecto exterior de vivências, mas algo despojado de modelos.

Durante o trabalho, Bausch não fala muito com os dançarinos, não dá muitas explicações e isso provoca um grande silêncio interno que desperta para a busca de soluções acima da aprovação/desaprovação reguladora de suas ações. Nesses momentos, a espontaneidade deve estar no limite do consciente/inconsciente, percebendo o que está se passando, mas lembrando que "a qualidade nunca é experimentada imediatamente e que toda consciência é consciência de algo. Este 'algo' não é necessariamente um objeto identificável"[11]; por isso não sabemos nunca onde iremos chegar.

Bausch talvez seja hoje a personalidade da dança que mais tenha livros escritos a respeito da sua obra cênica. São fascinantes descrições dos seus trabalhos, análises que proporcionam um mergulho em seu universo artístico espetacular. As imagens fotográficas extasiam, e o que é dito sobre o seu trabalho excita o leitor. Se esse leitor é um estudante de artes cênicas ou

10. Frase dita por Van Gogh, em seus momentos de criação, apud G. E. Kneller, *Arte e Ciência da Criatividade*, p. 67.
11. M. Merleau-Ponty, op. cit., p. 26.

O TEATRO-DANÇA DE PINA BAUSCH

um diretor "deslumbrado", o conhecimento proporcionado por livros, vídeos ou a visão das próprias peças transforma-se em uma fonte geradora da vontade de ser bauschiano (fenômeno verificado em todos os lugares em que ela é conhecida).

Alguns se arriscam a reproduzir a todo custo essa viagem criativa e ser bauschianos, mesmo que essa experiência muitas vezes não passe de uma caricatura. Contudo, pode haver um meio simples de delimitar a percepção desse trabalho além de ver (obter formas, cores e luzes) e ouvir (obter sons), sentir, e "sentir é obter qualidades"[12]. Para saber o que é sentir, não basta ter visto formas e cores e ter ouvido sons. As formas, cores, luzes e os sons "não são sensações, são sensíveis, e a qualidade não é um elemento da consciência, é uma propriedade do objeto"[13]. Nesse caso, pode-se propor um olhar "por trás das aparências".

Nós acreditamos saber muito bem o que é "ver", "sentir", porque há muito tempo a percepção nos deu objetos coloridos ou sonoros. Quando queremos analisá-la, transportamos esses objetos para a consciência o que os psicólogos chamam de "experience error", quer dizer, supomos de um só golpe em nossa consciência das coisas aquilo que sabemos estar nas coisas. Construímos a percepção com o percebido[14].

Entre as maneiras de vivenciar a realidade bauschiana, uma pode ser denominada abordagem periférica, vinda de fora para dentro – é o seu produto artístico visto como objeto pelos críticos de arte; na maioria das vezes com uma confiança "quase imperialista em seu produto, (chegando até) à crença implícita de que se esgotou o interesse de algo, uma vez que se explicou como isso funciona"[15]. Outra maneira, que pode ser mais proveitosa para o artista e para o pesquisador, é uma visão interna dos acontecimentos na tentativa de revelar o produto-sujeito, numa busca por identidades. Essa visão é, em geral, mal conhecida, por ser absolutamente peculiar e fundada em valores memoriais pessoais; valores absolutamente diferentes

12. Idem, p. 25.
13. Idem, ibidem.
14. Idem, p. 25-26.
15. P. Pavis, *A Análise dos Espetáculos*, p. 14.

52　　A DRAMATURGIA DA MEMÓRIA NO TEATRO-DANÇA

daqueles que podem ser analiticamente interpretados quando se observa de fora para dentro um resultado espetacular, e essa visão é delimitada "na própria experiência, que a revela tão rica e tão obscura quanto o objeto ou quanto o espetáculo perceptivo inteiro"[16].

O Processo

Chegando à Companhia, em 1987, encontrei em andamento a criação do filme *The Plaint of the Emperess*. Esse primeiro momento foi muito importante para ver, sentir, tentar compreender e elaborar timidamente algumas respostas.

Mais tarde, na criação da peça *Palermo, Palermo*, realizada em coprodução com o Teatro Biondo de Palermo e Andres Neumann Internacional, participei ativamente no processo. Para a realização desse trabalho, viajamos com a companhia para a cidade de Palermo, na Itália, onde, por um período, conhecemos e vivenciamos a cultura local.

Se, por um lado, não são utilizados os recursos técnicos de preparação de ator e criação de personagens utilizados no teatro tradicional para a composição de peças, por outro lado existe uma pesquisa de campo: o ver, o olhar, o observar, o sentir, que, nesse caso, foi o que vivenciamos: as crenças, hábitos e costumes dos habitantes da cidade de Palermo. Toda essa experiência foi materializada, de maneira viva, em associação com nosso ser e em relação com o mundo.

A que nos remete, por exemplo, a experiência de participar de uma festa religiosa, com todos os acontecimentos que envolvem um evento dessa natureza – santos, beatas, cantos, rezas e outras situações variadas? A resposta parece óbvia, uma vez que vivenciamos o fato. Contudo, a ideia de associação não está no fato explícito, mas em outros níveis, nos quais procuramos enxergar a infinidade de possibilidades e as múltiplas significações que tal vivência pode nos sugerir.

Quando Bausch nos faz uma pergunta-estímulo-tema, seguramente ela sabe o que quer, nada é feito fortuitamente.

16. M. Merleau-Ponty, op. cit., p. 25.

O TEATRO-DANÇA DE PINA BAUSCH

"Mesmo quando ainda não se pode delinear a direção em que a peça irá desenvolver-se, as perguntas buscam, giram em torno de uma coisa determinada"[17]. Assim, no início da criação da peça *Palermo, Palermo*, não nos foi dito o que se pretendia, mas era perceptível que não eram perguntas vazias, havia um foco central: a Itália. Consequentemente, cada pergunta tinha o seu foco particular, que, não nos era revelado.

A elaboração de respostas não constituía um improviso, no sentido do referencial de improvisação que tivemos na graduação na escola de dança da UFBA, que carrega o sentido de improvisações livres, a partir de um estímulo, sem compromisso de repetir o que se faz, sem tampouco saber onde se vai chegar; seguindo-se apenas o fluxo livre da inspiração naquele momento, por vezes nem lembrando do que se fez.

Tomando como referência a prática na UFBA, diríamos que as respostas no processo bauschiano não constituem uma improvisação. No entanto, reconhecemos que o conceito de improvisação é muito amplo e, segundo Sandra Chacra, "A improvisação [...] é um fenômeno, ou antes, um termo que encerra diferentes implicações e significações, de conformidade com os diversos contextos e práticas aos quais se encontra ligada"[18].

No processo, após ser dado o estímulo-tema, devemos buscar a ideia em associação com esse estímulo, de maneira que seja construído um quadro costurado, com começo, meio e fim, e anotado todo o seu percurso nos mínimos detalhes. Caso esse quadro seja escolhido para integrar a peça, ele deverá ser repetido fielmente, ainda que sujeito a transformações que Bausch possa vir a fazer.

Bausch quer que o intérprete se desnude, mas não permite que se perca a cabeça, pondo em jogo problemas pessoais. Se isso acontece, ela está bastante atenta para dar um direcionamento adequado, conduzindo o intérprete como parte do todo. Ela sabe quando parar: no momento exato em que percebe que alguém está realizando uma cena que tem a ver com uma extrapolação de algum problema psicológico próprio, ela diz: "O importante não é que as pessoas vomitem seus sentimentos"[19].

---

17. R. Hoghe, *Bandoneon*, p. 15.
18. *Natureza e Sentido da Improvisação Teatral*, p. 96.
19. Apud R. Hoghe, op. cit., p.39.

A DRAMATURGIA DA MEMÓRIA NO TEATRO-DANÇA

Em cada gesto de direção é possível captar a sabedoria de Bausch quando ela separa o lado pessoal do lado criativo. Contudo, nunca diz o que devemos fazer; limita-se a dar orientações de que não devemos interpretar, ela quer uma coisa "real". "Se se interpreta demasiado, a coisa fica muito direta; fica uma caricatura"[20].

Isto é o que acontece com a maioria das pessoas: querem mostrar o que querem dizer. Se ela pedir um tema sobre *água*, com certeza não vai usá-lo na peça em um momento em que se relacione de verdade com a água. Por isso suas peças são interessantes: em seus quadros há sempre lugar para o inesperado. Ela resume a questão da interpretação de forma muito objetiva: "Não interprete, porque ninguém acreditará no que você está fazendo"[21].

As Perguntas e Respostas

O que são as perguntas e respostas que dão início ao processo?

São os estímulos-tema ou o texto, se assim podemos dizer, a partir do qual elaboramos ideias, expressando-as em ações físicas externas. Podemos dizer que as perguntas também são formuladas no momento do processo de refletir mentalmente sobre esse tema.

No método de Stanislávski, as perguntas e respostas são usadas como recurso técnico para que o ator obtenha o que o escritor põe em seu texto e o que insinua[22]. Entendemos que existem semelhanças entre o processo de Bausch e esse procedimento, porque, quando refletimos sobre a busca da concretização das ações, recorremos mentalmente a perguntas. Estas, porém, não são utilizadas com a mesma finalidade.

A finalidade das perguntas que fazemos mentalmente a partir do estímulo-pergunta no processo bauschiano é chegar a ações externas que não são representações de personagens, mas sim a expressão das nossas histórias de vida. De forma diferente, no método de Stanislávski esse recurso é utilizado

---

20. Observação de Pina Bausch para os dançarinos durante o processo.
21. Idem.
22. *A Criação de um Papel*, p. 192.

como ações internas que irão dar vida a um papel preestabelecido em um texto, como veremos a seguir.

Descreveremos aqui alguns momentos dos ensaios que poderão dar uma ideia da prática do processo de pergunta e resposta.

Peça:
The Plaint of the Emperess.

Data: 4 de outubro de 1987.
Pergunta /Estímulo: "Você dá segurança e proteção".
As respostas dos participantes são ações simples:
- Tirar anéis dos dedos e colocar dentro da boca.
- Guardar o dinheiro dentro do sapato.
- Um cinto de castidade é mostrado.

Essas cenas foram realizadas simplesmente como estão escritas: o executante se dirige ao centro do espaço, tira os anéis dos dedos, coloca-os dentro da boca e vai embora, sem nenhuma interpretação, não interessa o motivo da proteção.

Apesar de sempre estarmos atentos à conduta a ser impressa nas ações, acontece em algum momento de alguém se desviar dessa conduta. Isso acontece até mesmo com intérpretes antigos no processo.

Certa vez, a partir de determinada pergunta, um antigo intérprete construiu uma cena na qual saía como se tivesse roubado a bolsa de alguém. Pina disse: "Isto é uma coisa banal".

Data: 17 de outubro de 1987.
Pergunta/Estímulo: "Um gesto típico de cada um".
Alguém mostra determinado gesto.
Bausch observa: "Eu já vi este gesto comumente em outras pessoas".

Data: 29 de outubro de 1987.
Pergunta/estímulo: "Medo de ir para casa".
Ela não quer que se conte uma história, também não necessita o porquê explícito.

Peça:
Palermo, Palermo

Data: 5 de maio de 1989
Pergunta/Estímulo: "Uma forte reação, ou uma reação a alguma coisa".
Jogamos no chão um guarda-chuva que não queria se abrir.
Ela nos diz: "Isto é muito normal".
Pergunta/estímulo: "Esperança".
Está muito próximo de nós o drama das mães da Praça de Maio, em Buenos Aires, que se reúnem com seus lenços brancos amarrados na cabeça, na esperança de encontrar seus filhos desaparecidos na época da ditadura.
Executamos esse quadro apenas amarrando um lenço branco na cabeça.

Bausch nos pede explicação.
Às vezes, quando algum quadro a intriga, ela pede uma explicação e depois pode emitir sutilmente algum sinal para nos orientar. Nesse caso, ela não disse nada, e essa atitude levou-nos a uma reflexão sobre o que tínhamos feito. Nada do que fazíamos passava-lhe despercebido. Contávamos sempre com o seu retorno: palavras, frases, um olhar ou um simples gesto, que diz muito, transmitindo-nos a conduta a ser impressa em nossas ações.
Bausch demonstra muita serenidade. Nunca levanta a voz, porém, tem a força de um totem. A sua presença basta para nos transmitir sintonia e dirigir um sinal de alerta a uma conduta não adequada ao trabalho. Fica claro que devemos procurar ir mais longe. Não devemos fazer coisas excessivamente simbólicas; não devemos fazer uma simples associação, mas buscar uma conexão remota, individualizada, com o olhar interior voltado para os recônditos do nosso ser, na busca de uma forma não usual, que nos leve a um desligamento da obrigação da representação mimética, conduzindo-nos a um pensar e agir transcendentes. E nesse ponto a intuição é muito importante.
Todavia, se no senso crítico não prevalecer a lucidez, não conseguiremos enxergar se a conduta realizada está adequada

O TEATRO-DANÇA DE PINA BAUSCH

ou não; se é uma simples associação; se estamos mostrando o que queremos dizer, e outras atitudes importantes, para as quais devemos estar atentos no momento da criação. Importa acentuar, contudo, que não existe o certo ou o errado; os comentários são feitos de forma muito natural, não em tom de repreensão.

Na época em que lá estávamos, uma colega sempre realizava coisas que não estavam dentro da conduta explicitamente bauschiana, por isso tornava-se difícil incluir suas respostas nas peças. Contudo, suas respostas não eram consideradas erradas.

No momento da montagem, é pedido que se mostre algum quadro feito anteriormente e que foi selecionado. A partir desta seleção, poderá ser deixado na íntegra, fazer modificações ou recortar. Portanto, ela pode fazer a transformação de algo que não esteja tão adequado na sua visão, mas que desperte algum interesse para o trabalho. Dessa forma, ela não anula de maneira drástica uma ação que não seja totalmente justa.

Data: 18 de maio de 1989.
Pergunta/Estímulo: "Um casal vive junto, mas cada dia um se sente mal ou se mostra só; um em relação ao outro e ao mundo".
"Não quero nada dramático, nada humilhante." Dessa forma, sempre com pequenas observações, mas muito claras e objetivas, direciona o enfoque dos temas.

Data: 21 de maio de 1989.
Pergunta/Estímulo: "Utopia".
"É no sentido realizável", ela comenta, "seria bom que não houvesse dinheiro e pudéssemos trocar tudo, em vez de se comprar". Podemos entender esta frase não apenas como um comentário, mas como uma pista a seguir.
Normalmente não era tecida nenhuma discussão entre nós, participantes, a partir da explicação ou comentário.

Data: 30 de maio de 1989
Pergunta/Estímulo: "Penélope: uma espera sem fim".
Uma das observações concentra-se no tempo. Não devíamos realizar ações em um ritmo crescente, porque não

daria a ideia de espera sem fim; era preciso que mantivéssemos um ritmo igual todo o tempo.

Nós, das artes cênicas, sabemos da importância do tempo-ritmo em nossas ações como componente fundamental dos significados da comunicação da nossa expressão que, no teatro tradicional, é trabalhado através de técnicas específicas. No caso dessa experiência, o ritmo devia nascer da necessidade íntima da ação. Procuramos agir de uma maneira real. O ritmo não é imposto, nem treinado exteriormente para combinar com as ações. Apesar da observação, o foco não deveria estar no ritmo de uma forma exterior, mas numa ação de natureza contínua, que, em si, contivesse esse tempo contínuo. Dessa forma, construímos uma cena em que fazíamos balançar uma cadeira de balanço.

Data: 31 de maio de 1989.
Pergunta/Estímulo: "Destruir a si próprio".
Um colega enche a boca de algodão, tapa as narinas, pega um punhal e faz um gesto como se fosse apunhalar-se. Imediatamente Bausch pede que ele pare, dizendo, inicialmente, que se ele aspirasse aquele algodão poderia morrer de verdade. Continuando, diz: "Não devemos imitar a realidade, pois ela é mais forte que qualquer imitação. O melhor é buscar outros recursos, por exemplo, através do humor. Se quisermos fazer como a realidade, só seria uma vez; e eu não teria você todos os dias no espetáculo".

A observação pode parecer contraditória, feita por uma representante da corrente expressionista alemã. Mas essa é uma demonstração do redimensionamento que vem dando a todo um legado de ideias oriundas de Laban e Jooss, interpretando princípios e não repetindo formas expressionistas. Ela não quer uma imitação, mas uma coisa real, que não se baseie no sentido mimético, mas no de ser você próprio, com seu próprio ritmo e seus próprios gestos, sua "marca", sem máscaras de atuação.

Desaconselhada a simulação de suicídio do colega, direcionamos a nossa ideia da seguinte maneira: a humanidade está sendo destruída em parte pelo próprio lixo que o homem produz. Então, recolhemos todo o lixo que se encontrava no recinto e que tinha sido produzido por nós mesmos – garrafas, latas de refrigerantes, copos descartáveis, papéis etc. –, colocamos uma bacia com água limpa, nela lavamos as mãos e, em seguida, jogamos todo o lixo dentro dela.

Evidentemente acreditamos que, como em qualquer outro processo criativo, no momento de elaborarmos os quadros, estes deverão estar conectados com a percepção de mundo que temos, com a nossa consciência como seres humanos, com a vivência, a cultura, o nível de informações e tudo que toca e sensibiliza nossas vidas, fazendo-nos lembrar da própria história e, assim, redescobri-la.

Data: 1 de junho de 1989.
Pergunta/Estímulo: "Como fazer um anjo de diabo".
Preparamos dois pedaços de arame, colocamos eles na cabeça separados como dois chifres, unimos suas pontas, transformando esses dois chifres em um círculo na cabeça, como uma auréola.
Depois dessa demonstração, Bausch observa que seria interessante que as respostas fossem na direção do que havia sido mostrado e comenta ainda que não vê nenhuma conexão com o diabo na cena feita por uma colega, em que uma pessoa falava alto, cantava e era alegre.

Normalmente eram trabalhadas, por dia, de três a quatro questões. Raramente duas, no caso de serem muito difíceis de elaborar, demandando maior espaço de tempo. O teatro de dança de Bausch não é uma coreografia agregada a um texto, nem são textos ou movimentos preestabelecidos que se juntam para formar uma peça. Os gestos, falas, cantos nascem das ações fundamentadas em perguntas. Eventualmente existem questões direcionadas para respostas específicas em movimentos ou falas.

De uma maneira geral, qualquer estímulo pode suscitar uma ação falada, cantada ou mesmo de movimento. Casualmente, se o executante usou, em uma ação qualquer, fala, gesto ou canto para se expressar, e se essas ações são interessantes para a peça, elas serão incorporadas ao trabalho em consonância com a concepção da coreógrafa. Dessa forma, nada existe em separado; fala, gesto e canto são ações que podem nascer de qualquer estímulo, como os exemplos a seguir:

Data: 12 de junho de 1989.
Pergunta/Estímulo: "Quando você não pode mais pensar, o que você pensa?".
A nossa ideia veio de um costume que temos de, antes de dormir, não só pensar no que fizemos durante o dia, como também pensar nas tarefas do dia seguinte. Chega um momento em que o sono não nos deixa mais pensar, então pensamos que não podemos mais pensar, que temos que dormir. Materializamos a nossa resposta com a seguinte fala: "Tenho que dormir!".

Data: 16 de junho de 1989.
Pergunta/Estímulo: "Mendigar com orgulho".
Pina não quer que mendiguemos.
Procuramos fazer a conexão com o fato de certas pessoas nos convidarem para uma festa que dizem estar oferecendo, ao mesmo tempo em que pedem que levemos alguma coisa de beber ou de comer para a sua festa.
Através das palavras, assim nos expressamos: "Amanhã vou oferecer uma festa em minha casa! Convido a todos para que venham, mas tragam uma garrafa de vinho, champanhe ou alguma coisa de comer!"
Bausch não pediu que nos expressássemos com palavras, mas foi dessa forma que concebemos a ideia e sentimos a necessidade de assim materializar um ponto de vista. Por outro lado, como já foi dito, eventualmente podem existir questões direcionadas para serem respondidas com movimentos, tais como:
"Descrever um touro em movimento".
"Descrever com as mãos um retrato falado".
"Movimentos de matar, com as mãos e com os pés ao mesmo tempo".
"Três gestos típicos seus".

"Um movimento que não tem fim".
"Signos que indiquem fome".
"Voar".

Como qualquer outra resposta, as ações de movimento específico, fala ou canto, não devem reproduzir o lugar comum. Assim, essas perguntas são exemplos de como um movimento pode surgir, mas tudo pode acontecer. Ela pode recortar um movimento que faça parte de uma ação que não tenha sido dirigida para ser expressa especificamente em movimento e transformá-la em uma sequência de movimento gestual. Por isso diz: "Não importa o que vocês façam, não tem a ver com dança. Quero somente experimentar o que é possível"[23].

O que podemos observar dessa experiência é que não existe fórmula, nem regras preestabelecidas. Não existe "teorização" quando nos coloca o estímulo e direciona sutilmente o seu enfoque. Aqui, todavia, estamos procurando teorizar sobre a experiência vivida. Dividida entre criadora, intérprete e pesquisadora, preciso buscar meios de descrever as observações feitas dessa experiência. Fui juntando, então, uma a uma as peças que foram recolhidas de reações, palavras, gestos, frases, recomendações e comentários feitos por Bausch no decorrer do processo. E, para poder chegar a uma conclusão acerca do que tinha observado, os dados levantados foram traduzidos e classificados de acordo com o que considero princípios básicos desse processo.

São estabelecidos então os seguintes princípios:

a. Seja você mesmo

Não é subir no lustre, como muitas pessoas talvez pensem em fazer para serem originais. Essa recomendação refere-se a uma conduta que não está ligada ao exibicionismo, mas sim a um mergulho que cada um deve fazer na sua memória ancestral, cultural, individual, coletiva... , que é a invencível força e alma do nosso corpo.

---

23. Apud R. Hoghe, op. cit., p. 38.

62 A DRAMATURGIA DA MEMÓRIA NO TEATRO-DANÇA

A interpretação desse princípio, para nós, foi bastante clara, e, durante o período em que estivemos no Wuppertal Tanztheater, buscamos exercitá-lo, sentindo-nos cada vez mais próximas das nossas memórias, nas quais buscamos a realidade das ações, mesmo porque é um erro grave tratar o teatro como faz-de-conta, como situações nas quais se lida com ações e ideais falsos.

b. Não atuar

Não fazer uso das máscaras de atuação. Para dar respaldo a esse princípio, vejamos o que diz Viola Spolin: "Através da espontaneidade somos [...] nós mesmos. A espontaneidade cria uma explosão que por um momento nos liberta de quadros de referência estáticos, [...] informações, [...] e técnicas que são na realidade descobertas dos outros"[24].

Devemos agir de maneira espontânea, envolvendo-nos organicamente e não tecnicamente com as ações.

c. Ser justo ao tema, mas não ser óbvio

Uma ideia é vista como criativa não apenas por ser nova, mas também porque consegue algo adequado (justo) a um tema.

Não ser óbvio está na capacidade de produzir ideias inusitadas, enxergando além da situação imediata. Superação de limites, em que é necessária uma compreensão das possibilidades que se ligam à rede infinita do universo das coisas, uma vez que "a criação contemporânea, com externação do elo sensível dos seus criadores, vai operar uma formalização da cena do inconsciente, que é ontologicamente uma cena hipertextual, movida por redes, sincronizações, deslocamentos e recombinações"[25].

Em outras palavras, experimentar algo que não seja óbvio, uma coisa que lembre outra coisa de forma associada, mas que não deve ser uma simples associação e sim uma conexão remota, contudo, consciente. Devemos desobrigar-nos da repre-

---

24. *Improvisação para o Teatro*, p. 12-13.
25. L. Agra; R. Cohen, Criação em Hipertexto, em L. Leão (org.), *Interlab: Labirintos do Pensamento Contemporâneo*, p. 169.

sentação mimética e buscar um pensar e agir transcendentes, conforme já expusemos.

d. Não intelectualizar

Deixar a mente o mais vazia possível, à espera das ideias. Essa atitude é uma solução por nós encontrada desde antes, quando não era feita nenhuma preleção sobre o que seria o não intelectualizar. Mas não vamos achar que não devemos pensar. Devemos pensar, sim, mas não em um plano intelectual constrito, que entendemos como obrigatoriamente pensar de forma intelectual estreita.

É necessário dar vazão ao caminho intuitivo.

e. Ser simples

Esta é uma das coisas mais difíceis de realizar, que está ligada à capacidade de síntese que devemos ter em relação à forma de expressar as ações. Não é importante somente ter a ideia; é importante, sobretudo, que saibamos traduzir a essência dessa ideia simplesmente em uma ação interessante. Não tem receita, está intimamente ligada à capacidade criativa de cada um.

f. Não banalizar

Se, quando estivermos trabalhando, ficarmos atentos ao princípio de não ser óbvio, certamente não iremos realizar ações que traduzam o lugar comum.

g. Não querer mostrar o que se quer dizer

Quantas vezes, no decorrer da nossa trajetória, ouvimos de algum colega a pergunta: "será que as pessoas vão entender o que estamos querendo dizer?" E está posta em palavras a necessidade de agradar ao público, esperando que ele "entenda" o espetáculo: a aprovação/desaprovação reguladora dos nossos esforços.

Esses pensamentos não devem fazer parte dos momentos de criação, pois são eles que limitam a nossa criatividade, não dando independência à expressividade.

h. Não ser abstrato

É materializarmos as ações de maneira real, sem recorrer ao "faz de conta". É, então, não fazer de conta que estamos escovando os dentes sem termos a escova de dentes na mão; se estamos escovando os dentes, devemos ter a escova na mão e não simplesmente imitar o gesto de escovar.

A nossa interpretação do que é ser abstrato pode não ser a mesma em outras circunstâncias, mas foi o que concluímos a partir do contexto bauschiano. O princípio de não ser abstrato refere-se às ações concretas, representadas em cena. Isso não significa que a abstração não exista. Ela existe nas analogias que dão significado ao processo todo.

i. Não caricaturar

Literalmente, não caricaturar significa evitar representar por meio da caricatura.

Embora o artista extraia, para as suas criações, as situações, sentimentos e ações da vida real, não as deve tratar em sua mímica ou caricatura; essas criações devem configurar-se de maneira significativa, a partir de sua própria visão e imaginação.

Na interpretação desses princípios, devem ser levadas em consideração as questões relativas a esse processo específico. Chegamos a essas considerações a partir do que executamos sob a direção de Bausch, que não dá explicações ou instruções quanto ao modo de atingi-los. É uma particularidade essa maneira de transmitir os conteúdos e sua condução junto a seu elenco de bailarinos.

Quando chegamos ao Wuppertal, tínhamos experiência no universo da criação coreográfica; entretanto, pudemos compreender, com essa experiência, como a busca puramente intuitiva pode trazer resultados coreográficos desgastantes. O conhecimento aí adquirido fez-nos ver que a intuição continua sendo o fator mais importante no exercício da criatividade; mas essa criatividade poderá ser favorecida com o respeito a esses princípios que ajudam no desenvolvimento do senso crítico em nossas criações.

Fazendo uma breve associação com alguns aspectos dos estudos dos processos criativos, vemos que quando Bausch age de maneira sutil, induzindo-nos a sermos nós mesmos, não permitindo nenhuma atuação, ela está nos estimulando a uma produção criativa que deve ser caracterizada pela originalidade, uma das propriedades do processo criativo.

A base das associações é nossa compreensão de uma vivência durante a qual tivemos oportunidade de exercitar a criatividade, permitindo-nos não intelectualizar, deixando a mente vazia, aberta para a criatividade, numa forma saudável e alerta de intuição. Vimos que não basta ter ideias. É necessário saber organizá-las e materializá-las, exercitando a capacidade de síntese, elaborando cenas com simplicidade, mostrando apenas o essencial de uma ideia, sem nenhum exagero.

No percurso que vimos traçando em busca de veicular uma organização dessa experiência, em vários momentos sentimos insatisfação por parte de pessoas que nos pedem para relatar o processo. Não tendo sido um aprendizado linear, certamente a verbalização não encontra na linearidade uma tradução correspondente. A compreensão para a execução das ações não obedece a códigos preestabelecidos com os quais sempre é buscado o entendimento das coisas pela maioria de nós. O processo deve ser vivenciado para ser compreendido.

Falamos com Bausch sobre esse trabalho aqui escrito, manifestando a vontade de aprofundar seu conteúdo com a fala dela. Ela nos disse: "eu falo muito pouco". E sabemos que não se trata de uma mostra de superioridade ou algo assim; de fato, esse falar pouco é uma verdade que constatamos no período em que pudemos conviver no Wuppertal. É como se dissesse: o processo é o que você vivenciou; não existe nada mais que isso; não há nenhum jogo escondido; não existe receita; eu não tenho manual.

Quando um dançarino de Bausch conta sobre sua experiência com ela, as pessoas sempre dizem: "ficou um pouco no ar". O que vem reforçar a afirmação de que não existem explicações precisas desse processo. Ele está fora de uma compreensão objetiva. Vemos o processo como no zen, e como na própria arte: é necessária uma iniciação à experiência prática para um melhor entendimento.

Os procedimentos verbalizados parecem incompletos, contraditórios, mas diríamos que isso é fruto da sua incontestável abertura: tudo é possível, dependendo das circunstâncias.

A DRAMATURGIA DA MEMÓRIA NO TEATRO-DANÇA

Pelo fato de não existirem técnicas de preparação de ator e de construção de personagem, intriga ver nas peças de Bausch quadros tão teatralmente expressivos. O único treinamento que existe são as aulas de balé clássico e dança moderna, que são uma preparação física de concentração, equilíbrio, desenvoltura corporal, domínio de espaço e outras habilidades típicas que um treinamento técnico desta natureza nos proporciona.

Bausch é muito atenta aos acontecimentos cotidianos. Ela recomendou assistirmos ao filme *Sociedade dos Poetas Mortos*, onde o respeito às vontades de cada um tem a ver com o seu processo de busca do não usual; mas ela não nos explicitou o porquê da sugestão.

Outro ponto importante na sua obra é a questão da participação ativa dos integrantes da companhia em suas criações, sem, contudo, tratar-se de "criação coletiva".

Mais uma vez tomamos como referencial o aprendizado que tivemos na graduação, na Escola de Dança da Universidade Federal da Bahia. Realizávamos muitas experiências de criação coletiva. Tratava-se de uma prática na qual a partir de um determinado tema, ou não, cada pessoa construía suas ações, que, de acordo com o grupo, eram agregadas umas às outras. Para isto, todos opinavam, e muitas vezes havia discussões, pelo fato de algum colega querer impor uma ação sua quando nem todos estavam de acordo. Assim nasciam nossos trabalhos de criação coletiva na UFBA.

No caso do Wuppertal Tanztheater, as pessoas que trabalham no grupo são peças importantes nas criações, todavia é Bausch quem determina toda a concepção das peças com sensibilidade; seleciona e recorta as ações, costurando-as da forma que quer.

A Fase de Composição das Peças

Quando chega o final da fase da coleta de material, que, em se tratando da peça *Palermo, Palermo*, concentra cerca de cem questões, Bausch revê as respostas selecionadas para fazer sua composição. Tal como na fase de perguntas e respostas, não há discussão com o elenco. Toda escolha segue seu ponto de vista.

O TEATRO-DANÇA DE PINA BAUSCH

Quando os quadros escolhidos são novamente mostrados pelos integrantes, ela procede aos recortes, redimensionamentos e transformações da forma que lhe interessa.

A edição ou costura não é uma simples colagem, é uma recriação a partir desses conteúdos; uma multiplicidade de formas as mais diversas, com extensão ramificada em todos os sentidos

Daí para a frente, entra com força o gênio criador de Bausch com a sua *poética*, que, depois de sua *comunicação* ao mundo, não se encerra; continua em processo, evoluindo, e as "cenas são intercambiadas, algumas histórias são tiradas, outras acrescentadas"[26].

A Volta

Outra vez no Brasil, um convite a retomar a antiga trajetória, voltar a coreografar. Ou ainda, escrever sobre a experiência vivida com essa criadora no Wuppertal Tanztheater. Contudo, nessa época, a preocupação maior é redimensionar a experiência, aplicando-a às necessidades de um referencial cultural e ancestral próprio.

No ano de 1989, toda minha experimentação realizada nos encontros com Pina Bausch foi direcionada a uma pesquisa no campo da pedagogia. Encontra-se, assim, a primeira forma de organização e aplicação da experiência, com alunos de primeiro grau da escola Getúlio Vargas do Instituto Central de Educação Isaías Alves, na Bahia. O trabalho é realizado com crianças que têm dificuldade de aprendizado nas disciplinas do currículo e o objetivo é ajudá-las a melhorar seu desempenho em sala de aula a partir da vivência criativa[27].

Mais tarde, em 1996, as experiências trazidas da Alemanha se traduzem, finalmente, em uma criação cênica: *As Mulheres dos Deuses: Força Transe e Paixão*[28], espetáculo de dança-teatro. O objetivo não é, então, aprisionar o vivenciado em uma metodo-

26. R. Hoghe, op cit., p. 55.
27. Ver L. M. M. Sánchez. *O Processo Pina-Bauschiano como Provocação à Dramaturgia da Memória*
28. Os resultados desse trabalho foram discutidos em minha dissertação de mestrado referida na nota acima.

logia, mas desnudá-lo em conteúdo que motive a reflexão, o olhar de cada um para si mesmo, desmistificando assim um modelo criado e imaginado exteriormente.

O texto por mim trabalhado, em 1999, permite levantar e interpretar princípios da conduta bauschiana, com o intuito de contribuir para a compreensão do que é conduzir-se de acordo com esse modo de ser.

> Ser ele mesmo
> Ser espontâneo evitando a atuação
> Ser justo ao tema sem ser óbvio
> Evitar intelectualizar suas emoções
> Ser simples
> Evitar banalizar
> Não querer mostrar o que quer dizer
> Não ser abstrato
> Não caricaturar

Não se trata de regras fechadas; entretanto, são propostas como princípios básicos, observados em uma experiência vivencial de algo percebido como um aprendizado sensível por trás das aparências de uma realidade a ser buscada internamente. Mas Bausch não pretende, e nem se pretende aqui, fazer de sua forma de trabalhar um método. Então, o que fazer para que tais condutas não sejam confundidas com fórmulas? Uma solução pode ser perceber de maneira sensível os princípios que norteiam esse processo, indo contra a corrente que, nas palavras de Capra, dá

ênfase [...] ao pensamento racional em nossa cultura [...] sintetizada no cérebro enunciado de Descartes, "Cogito, ergo sum" – "Penso, logo existo" –, o que encorajou eficazmente os indivíduos ocidentais a equiparem sua identidade com sua mente racional e não com seu organismo total [...] esquecemos como "pensar" com os nossos corpos, de que modo usá-los como agentes do conhecimento[29].

Na perspectiva sensível de algo como "existo, sinto, logo penso"[30], pressente-se que o mais importante dessa criadora

---

29. F. Capra, apud J. F. Duarte Jr., op. cit., p. 124.
30. Uma reescrita do *Cogito* cartesiano proposta por A. Damásio, em *O Erro de Descartes.*

O TEATRO-DANÇA DE PINA BAUSCH

está "no ar", se assim se pode dizer. O que importa em seu processo está por trás de cada recomendação sutilmente colocada no momento em que trabalha com os criadores-atores-dançarinos; em cada olhar, em cada gesto, em cada respiração, envolvendo-os em uma experiência sensível, portadora de sentidos, de significações que se expandem dialogando com a inteireza da corporeidade de cada um.

Nosso corpo (e toda a sensibilidade que ele carrega) consiste, portanto, na fonte primeira de significações que vamos emprestando ao mundo, ao longo da vida. "Produzir sentido, interpretar a significância, não é uma atividade puramente cognitiva, ou mesmo intelectual ou cerebral, é o corpo, esse laço de nossas sensibilidades, que significa, que interpreta[31].

Trabalhar na perspectiva bauschiana implica, na trilha até aqui percorrida, procurar expressar o seu ponto de vista pela via sensível; lembrando que na vida cotidiana atuamos tendo como suporte os saberes sensíveis de que dispomos, sem que, na maioria das vezes, percebamos sua importância e utilidade. Vivenciar intensamente os princípios bauschianos, pela via sensível, possibilita a observação da própria conduta no próprio processo criativo; *in progress*, como propõe Bausch, revelando-se a cada dia. Não são exatamente os achados geniais das peças dessa coreógrafa – que são sua marca, sua forma, sua assinatura – que pedem atenção, mas os princípios filosóficos que, uma vez percebidos e acionados, podem levar a um ponto de vista peculiar que não será mais o dela, mas o da própria pesquisadora-intérprete: um ponto de vista inesperado. Esse modo de entender o processo bauschiano pode se conectar à educação do sensível.

A vivência interna de um processo artístico é uma experiência que pode ser aproximada à leitura, que é da ordem da estrutura da linguagem. Ao mesmo tempo em que temos o "nó" que impossibilita dizer tudo e sugere a interrupção, temos uma percepção sensível da necessidade de seguir significando, encadeando, na ilusão de preencher o vazio que torna real a "incompletude" do dizer.

---

31. J. F. D.uarte Jr., op. cit., p. 130.

70 A DRAMATURGIA DA MEMÓRIA NO TEATRO-DANÇA

Nas raras explicações sobre o seu trabalho, Pina Bausch deixa clara sua recusa a fechar-se em modelos e leituras estabilizadas. Nesse caso, apresentar o processo da criadora por meio da descrição de suas peças é abordá-lo perifericamente, estabilizando-o. A alternativa deste trabalho é deixar-se conduzir, em uma leitura entre outras, pelas sensações e sentimentos que a abertura do processo propriamente provoca em quem o vivencia.

Seu trabalho, portanto, merece ser sentido, e não visto com o intuito de comprovar teorias, porque Bausch tem como um dos seus princípios "evitar querer mostrar o que quer dizer"[32]. Bausch, no conjunto do seu trabalho, fala de tudo e de todos em geral, sem dar vantagens a este ou àquele movimento. Entretanto, se Bausch é descrita e analisada de maneira "absoluta" é porque o objeto percebido toma a frente da experiência perceptiva. A possibilidade de um conhecimento absoluto sobre a obra bauschiana cai por terra quando se olha a contribuição que pode trazer para um contexto muito mais amplo, além do seu espetáculo, por exemplo, para um processo educativo pela sensibilidade.

Além disso, há críticas ao trabalho da artista, a seus trabalhos com novos dançarinos que, de alguma forma, determinam mudanças no rumo de seus espetáculos. Ora, talvez seja isso mesmo o que se deve esperar de um trabalho aberto às possibilidades que as circunstâncias estruturais da companhia determinam. Construído no "quase nada" ou no "não sei onde vou chegar", esse trabalho renuncia ao conhecimento constantemente justificado pela razão determinante de uma ordem.

Ela se serve, por outro lado, de situações concretas em todos os níveis. Pergunta-se então: como assim, situações concretas em todos os níveis? Pergunta-se se não é uma situação concreta o fato de, por não poder contar com seus dançarinos antigos, adequar objetivamente seu trabalho ao potencial artístico oferecido pelos novos dançarinos. De outra maneira, servir-se de humores e emoções sem se interessar pela ficção, induzindo o executante a uma reflexão pessoal e a uma introspecção em que ressurgem lembranças remotas, não seria

32. L. M. M. Sánchez, op. cit., p. 37.

também uma situação concreta? Pois é! Será que, nesse ponto, Bausch contraditoriamente elimina a subjetividade e utiliza-se concretamente do vivido dos seus bailarinos? Ou será que sua precisão absoluta – quando indica sutilmente detalhes preciosos das suas intenções – produz a sensação de não ser mais necessário buscar o sentimento, apenas perceber que ele está ali, e que é só torná-lo cenicamente aparente?

O jogo proporcionado por suas provocações se desenrola na entrega sem reservas de emoções das experiências vividas pelos executantes. Mas essa prática não está na atitude de abandono cego ao que der e vier. Embora as questões pareçam desordenadas, sem pé nem cabeça, Bausch tem por trás uma linha mestra não explicitada, uma ideia aparentemente vaga que permite, ao final, uma apreensão subjetiva de como agir.

A atitude bauschiana é enriquecida pela afetividade, mas o eixo acionado é a interação de razão e emoção. A afetividade significa e reflete as experiências subjetivas que revelam um contato mediático socialmente construído, e a emoção é o primeiro vínculo dos estados subjetivos; e um vínculo bem-sucedido na conduta bauschiana. Como nos fala Guinsburg: "Pode-se dizer que determinada forma de conduta é um método, mas destacamos que o que se observa na conduta bauschiana é uma atitude não premeditada"[33].

Ensaio Aberto

Na questão-estímulo: "um casal que vive junto, mas cada dia um se sente mal ou se mostra só; um em relação ao outro e ao mundo". Em um processo de teatro tradicional, possivelmente teríamos dois atores interpretando (ilustrando) essa situação seguindo as rubricas do autor – a demonstração de um mal-estar de ambas as partes desse casal, por meio de uma atuação (uma imitação ou um faz-de-conta da situação explicitada no texto). O diretor estaria remarcando a impostação da voz, o distanciamento de Diderot, ou mesmo o primeiro objetivo do teatro, segundo Dario Fo: "A diversão"[34]. Mas Bausch, com uma pequena observação, dirige-nos objetivamente para

33. Em comunicação pessoal,
34. *Manual Mínimo do Ator*, p. 25.

72 A DRAMATURGIA DA MEMÓRIA NO TEATRO-DANÇA

o caminho da subjetividade: "Não quero nada dramático, nada humilhante"[35], no seu "interdiscurso" se pode ler: "EVITEM A ATUAÇÃO!". Nesse momento, apresenta-se o "nó". O que cabe então fazer a quem recebe tal sugestão? Cada um a seu modo cria seu "material", fazendo-o evoluir da sua própria vivência, aperfeiçoando-o, subvertendo-o. O criador-executante-sujeito trabalha assim apenas sobre si mesmo, passando pelos filtros dispostos pela coreógrafa. Ele deve aprimorar a forma, personalizá-la na sua motivação, sob a condição de trazer à cena sua experiência particular.

POR UMA EDUCAÇÃO DO SENSÍVEL

Há um *saber sensível*, inelutável, primitivo, fundador de todos os demais conhecimentos, por mais abstratos que estes sejam; um saber direto, corporal, anterior às representações simbólicas que permitem os nossos processos de raciocínio e reflexão. E será para esta sabedoria primordial que devemos voltar a atenção se quisermos refletir acerca das bases sobre as quais repousam todo e qualquer processo educacional, por mais especializado que ele se mostre[36].

A educação pela via da sensibilidade é a educação do sentimento e também a educação do pensamento. Segundo Susanne Langer, "poucas pessoas percebem que a verdadeira educação da emoção não é o 'condicionamento' efetuado pela aprovação e desaprovação social, mas o contato tácito, pessoal, iluminador, com símbolos de sentimentos"[37].

Encarregado, na maioria das vezes, de dar vida a um personagem e a uma história consignada por escrito, o ator deve tornar vivo um personagem que lhe é estranho. Preso entre a artificialidade que propõe a ficção e a verdadeira vida que lhe interessa, busca em si a fonte das emoções que motive suas ações cênicas. E nisso Stanislávski tem sua importância fundamental quando faz explorar amplamente as situações das personagens,

---

35. Tradução livre, a partir de nossa experiência vivida sob a direção dessa coreógrafa em 1998.
36. J. F. Duarte Jr., op. cit., p. 12.
37. *Sentimento e Forma*, p. 417.

O TEATRO-DANÇA DE PINA BAUSCH

colocando em alerta a imaginação do ator na observação dirigida a si mesmo e às situações.

De outra forma, Jacques Copeau vai mais longe: suprime temporariamente o texto para dar novo vigor à expressão corporal. Avança-se mais ainda quando se retira o texto dos alunos como quem lhes tira um tamborete de debaixo dos pés. Bausch faz isso com maestria, lançando apenas perguntas aos participantes do seu processo. Em um contexto educativo, no entanto, é preciso não apenas lançar perguntas. Deve-se recolocar o sujeito humano no centro de nossas considerações educacionais, e

mais ainda e principalmente alargar o conceito para que ele possa tomar sua real dimensão, transcendendo aos estreitos limites iluministas e instrumentais que o faziam identificar-se, *tout court*, com a racionalidade científica e operacional. Na consideração e educação do sujeito, hoje, sua dimensão imaginativa, emotiva e sensível (ou sua corporeidade) deve ser colocada como origem de todo projeto que vise a educá-lo e a fortalecê-lo como princípio da vida em sociedade. A sensibilidade do indivíduo constitui, assim, o ponto de partida (e talvez até o de chegada) para nossas ações educacionais com vistas à construção de uma sociedade mais justa e mais fraterna, que coloque a instrumentalidade da ciência e da tecnologia como meio e não como fim em si mesma[38].

Ao longo desta caminhada, algo preocupa: a educação da arte e pela arte. Percebe-se na academia o interesse pelo processo bauschiano. Muitos alunos e professores demonstram interesse em saber mais sobre esse referencial. Contudo, para quem busca uma racionalidade cartesiana, talvez não haja uma resposta satisfatória, uma vez que a maior contribuição de Pina Bausch para as artes cênicas está além do que é visto em sua obra espetacular. O teatro-dança de Bausch contém, todavia, algo muito importante para os outros criadores: a percepção de um sentido que é o de cada um "ser ele mesmo".

Sentir-me eu mesmo revela-se anterior e determinante de qualquer "pensar em mim" subsequente. O que aponta novamente para essa missão básica da educação nos dias presentes: estimular o

---

38. J. F. Duarte Jr., op. cit., p. 139.

74 A DRAMATURGIA DA MEMÓRIA NO TEATRO-DANÇA

sentimento de si mesmo, incentivar esse sentir-se humano de modo integral numa ocorrência paralela aos processos intelectuais e reflexivos a cerca de sua própria condição humana[39].

Para isso, o processo pede que se trabalhe de forma mais efetiva a observação qualitativa da natureza das coisas; o que hoje vem se tornando cada vez mais difícil, uma vez que já há algum tempo a humanidade experimenta a valoração quantitativa em oposição à simples troca de mercadorias – prática que passava pelo corpo, que sentia qualitativamente a valoração das coisas. Ainda que não seja a intenção polemizar sobre as variantes econômicas e políticas da história da humanidade, vale dizer que não valorizar qualitativamente o nosso corpo pode dar a entender que

a personalidade de todos nós consiste num elemento amoldável, predominantemente às determinações biológicas e aquelas do sistema social produtivo, descartando-se indiossincrasias e laivos de criatividade pessoal, tão-só aceitas (e com boa dose de relutância) quando estas agem no sentido de incrementar a produtividade de todo o conjunto[40].

Torna-se importante, nos estudos da arte, não se limitar a ilustrar obras e teorias construídas pelos outros. Fazer arte atualmente significa fazer o que alguém já fez, diz Duarte Junior de maneira crítica e lúcida[41]. Isso é de certa forma refazer, fazer de novo, mas tão bem quanto foi feito e, se possível, ainda melhor ou o ideal da criação; uma coisa inusitada. Em escolas, o treinamento que repete técnicas preestabelecidas é considerado fim na formação artística, dado que as avaliações devem sempre levar em consideração que os alunos alcancem os melhores padrões técnicos estabilizados. Dessa forma, vemos constantemente meros repetidores de ideias alheias. Alheias à sua vida, à sua cultura, à sua sensibilidade e muitas vezes à sua própria vontade.

Pina Bausch serve de exemplo quando redimensiona as influências pelas quais passou no seu aprendizado. Mesmo tendo sido educada na tradição expressionista na escola do Folkwang,

39. Idem, p. 175.
40. Idem, p. 106
41. Idem, ibidem.

em Essen, na Alemanha, não repete as suas fórmulas; ao contrário, interpreta seus princípios com muita autenticidade. Além do mais, ela diz que a sua maior influência vem do que seus dançarinos manifestam. Embora saiba bem o que quer, o rumo de suas peças é dado pelo material que eles fornecem, e o espetáculo, ao final, terá a sua assinatura com muita originalidade.

Não é usual correr o risco de experimentar de forma mais intensa a imaginação e a percepção sensível em vez de vivenciar as técnicas já codificadas e estabilizadas. Por outro lado, o próprio interessado pode querer se formar "ator" ou "dançarino" de acordo com os padrões técnicos vigentes, o que implica ter a voz tecnicamente colocada, conhecer as convenções do teatro e executá-las em busca da perfeição. Também para ser um dançarino é condição fundamental ter os músculos trabalhados adequadamente, prontos para a execução de passos inscritos nas normas do vocabulário das técnicas clássica, modernas e contemporâneas. A abertura de perna, de preferência acima dos noventa graus, saber saltar, cair, rolar, girar com técnica e desenvoltura de acordo com as normas engessadas pela dança. Não é possível, portanto, negar as técnicas, contudo, é preciso torná-las parte da formação, de modo criativo. O ator--dançarino está sempre "à mercê de conceitos estilísticos inflexíveis e antiartísticos"[42], como se a expressão artística refletisse uma ação condicionada e não uma expressão artística de *per* si. Consideração que nos leva:

À questão do sujeito, essa grande conquista do mundo moderno, em que pese o absolutismo com que o tema vem sendo tratado, no sentido do seu completo apartamento e independência em relação à realidade que o circunda, bem como de sua estrita definição com um produto exclusivo da razão, logo tornada instrumental[43].

Por tudo que se vive nos dias de hoje, a educação clama por novas saídas, novos encontros dos sentidos em uma experiência progressivamente depuradora de novas configurações de percepção e de novos olhares sobre o mundo e sobre a própria vida. Necessita-se considerar o processo sensível como elemento

42. J. E. Gramani, *Rítmica Viva*, p. 11.
43. J. F. Duarte Jr., op. cit., p.138.

76 A DRAMATURGIA DA MEMÓRIA NO TEATRO-DANÇA

central no ato do conhecimento para que se dê lugar à mudança de paradigmas.

Propõe-se que o processo criativo seja uma prática aberta, proporcionando ao estudante-criador-executante seguir com o seu "corpo inteiro" na direção de deslocamentos, uma vez que "a educação centrada sobre faculdades humanas isoladas, como o intelecto e a sensibilidade, só podem mesmo resultar em indivíduos dotados de um profundo e básico desequilíbrio: ao sensível e ao inteligível"[44]. Prática dessa natureza torna-se útil para que haja mais criadores que meros repetidores de técnicas.

A educação da sensibilidade, o processo de se conferir atenção aos nossos fenômenos estésicos e estéticos, vai se afigurando fundamental não apenas para uma vivência mais íntegra e plena do cotidiano, como parece ainda ser importante para os próprios profissionais da filosofia e da ciência, os quais podem ganhar muito mais criatividade no âmbito de seu trabalho, por mais racionalmente "técnico" que este possa parecer. Uma educação que reconheça o fundamento sensível da nossa existência e a ele dedique a devida atenção, [...] estará por certo, tornando mais abrangente e sutil a atuação da consciência humana[45].

Bausch, com o seu processo de trabalho, ultrapassa as fronteiras de sua própria obra cênica, motivando, apontando para uma educação dos sentidos – fundamental nos processos criativos, assim como na vida dos indivíduos que poderão ter sua sensibilidade desenvolvida e seus sentidos despertos, captando as nuanças qualitativas do cotidiano; não é à toa que Bausch diz: "meus dançarinos são sensitivos"[46]. Pergunta-se, então, qual escola dá hoje mais valor à sensitividade de seus alunos que ao aprendizado das fórmulas – sejam elas matemáticas ou artísticas?

BAUSCH E A TEATRALIDADE

Um dos princípios do processo bauschiano é "evitar a atuação" que se inscreve nos quadros de referência estáticos. O criador-

44. Idem, p. 168-169.
45. Idem, p. 177.
46. Apud R. Hoge, op. cit., p. 15.

O TEATRO-DANÇA DE PINA BAUSCH

-executante busca filtrar a espontaneidade que está no ritmo de seu próprio agir; estimulado a ser ele mesmo com sua memória, a invencível força do seu corpo. Eis a conduta básica: agir de forma espontânea, envolvendo-se organicamente e não tecnicamente com suas ações. Assim, não é aconselhável o uso das técnicas teatrais e o criador estará cometendo um erro grave ao tratar suas ações como um faz-de-conta.

Esse ponto do não atuar pode ser relacionado com a "negação da teatralidade no jogo psicológico", segundo Pavis. Para o teatrólogo francês, a negação da teatralidade está em saber manipular o emocional que garante e mantém a autenticidade das emoções e, portanto, elimina todas as marcas da artificialidade e da máscara do jogo[47]. O que se observa no processo, porém, é que não existe uma técnica premeditada de como proceder; mas existem princípios básicos que devem ser levados em conta de forma sensível. Bausch, contudo, não apregoa os princípios que utiliza em seu processo; eles são subentendidos no momento, por meio de pequenas observações que nos levam a intuí-los na sutileza da sua conduta.

Por outro lado, negar a teatralidade exige apontar os elementos que distinguem o teatro. A teatralidade não pertence exclusivamente ao teatro. A cada instante, em todas as praças, feiras e ruas do mundo, arma-se o "palco espontâneo", palco que tem a forma circular e pode também ser uma simples aglomeração de pessoas observando algo que se apresenta: um artista de rua, um camelô vendendo o seu produto, ou um fato qualquer que chama a atenção desse grupo de pessoas – fato que pode ser mesmo um cotidiano pôr do sol. Alguns passam sem se tocar com o que está acontecendo; todavia, se param, é que alguma coisa capturou seu olhar, chamou-lhes a atenção.

A "teatralidade espontânea" se oferece à vista quando se propõe uma síntese rítmica do cotidiano, que abre um espaço propício para uma recepção da teatralidade.

De acordo com Guinsburg, "quando há teatralização, determinadas funções são ativadas"[48]. As funções orgânicas como emoção, imaginação, memória e toda a energia criativa do criador-intérprete nesse momento são envolvidas por um tônus,

47. P. Pavis, *A Teatralidade em Avignon*, p. 2.
48. *Da Cena em Cena.*

78 A DRAMATURGIA DA MEMÓRIA NO TEATRO-DANÇA

uma tensão-atenção que proporciona a construção da máscara cênica, permitindo comunicar, ao criador-espectador, algo além do conteúdo da ação que se realiza.

Permitir-se sair de si e entrar no jogo do fenômeno teatral em que convenções são levadas em conta, faz parte da "teatralidade construída" do ser teatral – um simples objeto posto em cena com a intenção de oferecer-se a um público, também faz parte dessa construção. Nesse sentido, "a teatralidade também está no espaço que a cena abre no interior de cada um, e que cada um descobre como em si"[49]. A teatralidade é, enfim, "aquilo que solicita de mim uma certa maneira de olhar, aquilo que se deixa apalpar por um movimento definido de meu olhar. Ela é um certo campo ou uma certa atmosfera oferecida à potência dos meus olhos e de todo o meu corpo"[50].

Quando, em um momento de contemplação, diz-se que determinada situação "parece teatro", cede-se espaço a uma forma particular de perceber aquele acontecimento. No deslocamento do olhar, algo se processa de forma espontânea na imaginação, o que torna possível encontrar teatralidade em uma ação que não esteja circunscrita no tempo e espaço específico do teatro.

A teatralidade pode ser rastreada nas situações cotidianas, independentemente do espaço e do tempo. A teatralidade pode estar onde quer que a imaginação detecte essa qualidade. Contudo, o fato de afirmar que a teatralidade espontânea está na forma de olhar de cada um, não fornece uma especificação do que é teatralidade. É o que se constata nas observações de Langer:

A percepção direta de formas emocionais pode ocorrer quando olhamos para a natureza com "os olhos do pintor", pensamos poeticamente em experiências reais, encontramos um motivo de dança nas evoluções dos pássaros etc. – isto é, quando algo nos atinge como sendo *belo*. Um objeto percebido dessa maneira adquire o mesmo ar de ilusão apresentado por um templo ou um tecido, que fisicamente são tão reais quanto pássaros e montanhas; é por isso que os artistas podem derivar temas e mais temas, inexaurivel-

49. M. Saison, *Os Teatros do Real*, p. 17.
50. M. Merleau-Ponty, op. cit., p. 283-284.

O TEATRO-DANÇA DE PINA BAUSCH

mente, da natureza. Mas os objetos naturais tornam-se expressivos apenas para a imaginação artística, que descobre suas formas. Uma obra de arte é intrinsecamente expressiva; é destinada a abstrair e apresentar formas para a percepção – formas de vida e sentimento, atividade, sofrimento, individualidade – por meio das quais concebemos essas realidades, as quais, de outro modo, podemos apenas sofrer cegamente[51].

Contudo, o fato de a obra de arte ser "intrinsecamente expressiva", e estar destinada "a apresentar formas para a percepção", não a libera do "quando olhamos" – com olhos de espectador – e do "quando algo nos atinge". Considerando teatralidade certo registro de expressividade, ela seria intrínseca às obras de artes. Por outro lado, porém, é a própria evolução das artes que nos leva ao questionamento. A fotografia, por exemplo, obriga a pintura a buscar novas finalidades e a delimitar sua especificidade. Diante das transformações que clamam por mudanças de percepção das coisas, da diluição dos limites entre os gêneros, o teatro, constantemente confundido com a própria vida, faz a teatralidade ilimitada. Portanto, como definir a teatralidade hoje? Onde buscar a especificidade do ato teatral? Que palavra, que sutileza permitiria apreendê-la?

Com a imaginação banida da cultura pela tradição racionalista, raramente se trabalha a observação de uma obra de arte pelas sensações que provoca, mas pela via do entendimento, do intelecto. Nesse contexto, a avaliação da educação dos sentimentos em relação à recepção de uma obra de arte pode ajudar a evitar o que Peter Brook chama de "espectador morto", que não tem prazer no momento de fruição da obra e se contenta apenas com a comprovação de teorias. E Bausch alerta: "as pessoas cometem um erro muito grande, discutem tudo minuciosamente até que se adaptem a seus modelos"[52].

No processo bauschiano, um fator importante está em o criador-executante sentir seu próprio ritmo, mergulhar em sua memória na busca da organização subjetiva da sua própria historicidade. O criador-executante cria essas condições em si mesmo, quando elabora suas ações envolvendo-se de forma

51. S. Langer, op. cit., p. 411.
52. Apud R. Hoghe, op. cit. p. 15.

orgânica. No momento da emissão, que exclui qualquer forma de exibicionismo, as condições devem estar criadas para que o receptor escute com o olho e sinta com todos os sentidos a corrente de variações de intensidade que dão um conjunto de visões moventes e comoventes que fazem ecos em sua imaginação. Se o ritmo vital está no ritmo do agir cotidiano, Laban está certo quando diz que "o movimento humano é constituído dos mesmos elementos, seja na arte, no trabalho e na vida cotidiana"[53]. O criador-receptor que se deixa levar pelo ritmo encontra a ressonância corporal da teatralidade. Essa ressonância mobiliza o próprio espaço da representação, tornando-a viva.

Quando se diz que a polifonia de vozes de uma cena pode provocar o tremor da restituição ao mundo, e reinstaurar uma relação com o real no receptor, agindo sobre seus modos de sentir e pensar, é porque este percebe em síntese o ritmo das ocorrências do mundo; ele percebe a implicação recíproca dos problemas da sociedade. A teatralidade bauschiana é construída pela sensibilidade de todos os envolvidos, para uma emissão e recepção sensíveis, sem intenções medidas.

Falar do teatro-dança de Bausch, mais que catalogá-lo é reconhecer a abertura de sentido no próprio vazio que permite enxergar o caminho que leva à quebra de códigos. Uma ruptura. Eis o ponto que convoca a instauração de uma discursividade própria neste retorno ao trabalho da artista. Um retorno que não busca imitar suas peças, nem reexplicá-las, por exemplo, com base na semiótica, mas que se lança em um movimento de captura desse espaço-tempo do não dito. A percepção desse movimento abre espaço para um sentido próprio, mobiliza o saber inconsciente e permite o ensaio aberto de uma construção reflexiva pessoal nomeada "Dramaturgia da Memória".

---

53. Apud A. M. B. de Vecchi, Sobre o Autor, em R. Laban, *O Domínio do Movimento*, p. 9.

4. Caminhos que Levam à Dramaturgia da Memória

> Uma palavra ou uma imagem é simbólica quando implica alguma coisa além do seu significado manifesto e imediato. Esta palavra ou esta imagem tem um aspecto "inconsciente" mais amplo, que nunca é precisamente definido ou de todo explicado.
>
> C.G. JUNG[1]

Um retorno ao trabalho de Pina Bausch é necessariamente um recomeço, uma repetição, um movimento que revela que o ser humano não "está nunca terminado", como diz o Riobaldo de Rosa; que nunca está pronto para o presente, e que precisa ter esquecido para lembrar de novo e tornar possível a criação. Entre dança-teatro, prática-teoria, razão-emoção, artista-pesquisadora insinua-se agora a memória, indissociável do esquecimento, e a tentativa de tornar consciente o que "se esqueceu", mas permanece vivo. Parece que não se escapa ao jogo das dicotomias a não ser conjugando-as, fazendo-se de dobradiça entre elas, permanecendo *in progress*, adiando justamente a parada no movimento: a tese, o conforto do ponto de chegada, da solução.

O encontro marcado em Wuppertal[2] permanece em aberto. No vazio deixado pela pergunta-estímulo sem resposta, continua a vivência interna do processo criativo bauschiano, cujo "método" se escreve como em sua etimologia: "através de um caminho"[3], mas de um caminho que cada um precisa construir.

1. *O Homem e seus Símbolos*, p. 20.
2. Ver supra, p. 39.
3. *Metá*: atrás, em seguida, através. *Hodós*: caminho.

82 A DRAMATURGIA DA MEMÓRIA NO TEATRO-DANÇA

É nesse processo que a artista, transformada em criadora-executante, é estimulada a ser "ela mesma" com sua memória (deduções, e ressignificações). No encadeamento de ações memoriais que se organizam no pensamento da artista e se desdobram no seu corpo em cena, projeta-se o que vai se tornar, em tese[4], neste trabalho, que emergiu da pesquisa de mestrado, A Dramaturgia da Memória.

Por que dramaturgia? Essa palavra, que significa literalmente fazer (drama) e ação (ergon), define-se como composição ou representação de uma peça de teatro, mas também como um catálogo de obras dramáticas. Nesse caso, a memória é concebida não só como uma aptidão para lembrar, mas também como um conjunto de lembranças; um arquivo, mas um arquivo vivo, porque essa Dramaturgia da Memória é entendida como um processo criativo. Esse processo vem sendo estruturado e reestruturado à medida que é trabalhado em montagens cênicas e oficinas; trabalhos artísticos cujos resultados comprovam sua eficácia. Não é intenção, contudo, enfeixá-lo em regras, fórmulas, método categórico-dedutivo, ou mesmo torná-lo acabado por meio de explicações teórico-científicas.

A memória, marcada pelo mistério do esquecimento, é estudada em quase todos os campos do saber – na filosofia, na psicologia, na psicanálise, na antropologia, na biologia, na literatura, nas artes. E, de um modo geral, cabe ao que "se esquece" o que recebe o nome de inconsciente. Descartes, por exemplo, atribui ao consciente a atividade do pensamento e confia o que se esquece ao que ele chama de memória[5]. Funes, *o memorioso*, personagem de Borges, tinha uma memória absoluta e, consequentemente, era incapaz de lembrar.

Falar de memória e de inconsciente é, também, necessariamente, falar do mestre Stanislávski, pioneiro nos estudos da arte teatral, particularmente no que se refere aos estudos do inconsciente na arte do ator, que utiliza sua memória afetiva como fator fundamental na arte de atuar.

Entre importantes estudiosos e artistas que trabalham com a memória, destaco Stanislávski e Grotóvski. Quanto ao psicanalista Jung, seu trabalho apresenta alguns pontos de confluência

4. No sentido de teoricamente, em princípio. Cf. *Dicionário Houaiss*.
5. *As Paixões da Alma*.

com o que chamamos de Dramaturgia da Memória. Os conteúdos da memória, no processo criativo do teatro-dança, são peças fundamentais que se encontram no inconsciente; inconsciente que, segundo Jung, guarda vestígios vivos da vida vivida.

Quando nos concentramos para trabalhar um determinado tema, não pensamos em nada, não vem à consciência nenhuma imagem, voz ou pensamento, até que apareçam novos conteúdos gerados pelo silêncio. De fato, nesse momento, o criador tem a oportunidade de pôr em cena evocações de seu inconsciente, fazendo do seu ofício uma ferramenta de autoanálise e transformação. Na dinâmica psíquica do criador, traços inconscientes emergem como conteúdos no momento do processo criativo e podem, então, ser manipulados conscientemente pelo criador-executante, descrito neste trabalho como o ator-dançarino em quem nasce a dramaturgia da memória. Ao nos referirmos ao ator, não o fazemos pensando no intérprete teatral de personagens, cujo foco principal é o texto escrito por um dramaturgo, mas no ator do teatro contemporâneo, que abrange o criador-executante-bailarino-dramaturgo que utiliza o corpo em sua totalidade expressiva.

Comunicar uma totalidade expressiva corporal requer deste uma habilidade para reconhecer conscientemente os sinais do inconsciente. Stanislávski foi um dos diretores que se preocuparam muito com a pouca utilização do inconsciente. Em seu livro *A Criação de um Papel*, alerta para o fato de que, no teatro, o "reino do inconsciente" muitas vezes é esquecido porque a maioria dos atores se restringe aos sentimentos superficiais, e os espectadores contentam-se com impressões puramente externas. Em sua sabedoria, o diretor considera que tanto o misterioso Eu quanto a própria inspiração existem no inconsciente, o centro espiritual do ser, que consideramos a base primordial da dramaturgia da memória.

E é nesse reino do inconsciente que as ações na arte estão relacionadas a aspectos interiores profundos que se ligam ao que se acredita ser a esfera psicológica mais "verdadeira". Verdadeira no sentido em que é definida na psicologia: o estudo "do conhecimento da alma", do grego *psukhê-ês* "sopro (de vida)", donde "alma", como princípio de vida. Nesse caminho, em que corpo e alma não se separam (contrariando o dualismo *res cogitans, res extensa* da proposta cartesiana), é preciso, então, que o artista tenha uma percepção sutil de si mesmo e do mundo. Escutar a "voz da alma" no processo artístico significa encontrar a fonte de energias da vida; símbolos (significantes) que fizeram sentido para nossos ancestrais. Essa base deve proporcionar a "articulação" que resultará em um "correspondente corpóreo, dilatado das sensações" traduzidas por "sentimentos" e "emoções". Segundo Artaud, o sentido da palavra alma pode ser traduzido por "universo interior"[6], aquilo que *anima*, dá vida e é, portanto, "fonte de energia interior e potencial", dinamizada na medida das necessidades do homem. Segundo Grotóvski, essa articulação, "deve se tratar de um ato objetivo"[7]. A nosso ver, esta declaração é válida, na medida em que o "ato consciente" é eficaz tendo em vista objetivar o "poder sugestivo" dos conteúdos internos, evitando o caos, a histeria e a exaltação.

Na publicação de *Matéria e Memória*, em 1896, Bérgson descobre, "sob uma memória superficial, anônima, assimilável ao hábito, uma memória profunda, pessoal, 'pura', que não é analisável em termos de 'coisas', [...]. Esta teoria que realça os laços da memória com o espírito, senão com a alma, tem uma grande influência na literatura"[8]. Se essa memória tem grande influência na literatura, possivelmente terá influência sobre o ator-dramaturgo que "escreve" com o "corpo" uma dramaturgia, recolocando suas vivências na cadeia "mito-história-escrita cênica".

Contudo, com esse corpo-escrita, como produzir um conhecimento transmissível? Se a arte é da ordem de um saber que se desenrola pela via do sensível de cada um, como torná-lo universal, universitário? Como construir uma prática que possa ser levada aos estudantes de artes cênicas? Podemos trabalhar o saber como um saber fazer, um *savoir-faire*? De fato, o que se busca é construir um conhecimento especulativo do que seria a percepção da maneira de operar um processo criativo próprio, de descrever uma experiência prática artística. Essa prática vem

6. Apud L. O. Burnier, *A Arte de Ator*, p 142.
7. Idem, p. 143.
8. Apud J. Le Goff, *História e Memória*, p. 465.

CAMINHOS QUE LEVAM À DRAMATURGIA DA MEMÓRIA

de anos como dançarina, coreógrafa e diretora, que teve a oportunidade de vivenciar inúmeros referenciais do estudo da dança com importantes influências no campo das artes plásticas, do teatro e da música, na Escola de Música e Artes Cênicas da Universidade Federal da Bahia, além de várias outras oportunidades de formação no percurso da vida profissional[9].

Em 1977, no trabalho realizado como diretora-coreógrafa do Grupo Dança Jornal[10], é possível reconhecer, *a posteriori*, um processo criativo que já se ensaiava como uma dramaturgia da memória. A coreografia de notícias de jornal, cujos conteúdos estimulavam a memória corporal, ancestral e cultural, encena uma proposta do jornalista e roteirista Carlos Ramón Sánchez inspirada em Kurt Jooss, para quem o artista tem a obrigação de registrar os acontecimentos políticos e sociais da época em que vive.

A Dramaturgia da Memória emerge durante a pesquisa de mestrado, que resultou na dissertação intitulada *O Processo Pina-Bauschiano como Provocação à Dramaturgia da Memória*. Provocar é desafiar, convidar, despertar e chamar, em aliança à vocação, ao talento. Atendemos a esse apelo que se modulava em ideias, *insights*, emoções, imagens e sentimentos que surgiam durante o exercício criativo, mas que não bastavam para a finalidade cênica do teatro-dança. Esses conteúdos deveriam ainda ser traduzidos, levando em consideração uma composição organizada com começo, meio e fim (embora não obedeça necessariamente a uma cronologia), para cumprir a função cênica. Aos fatores internos de ordenação precisavam estar intimamente ligados à criatividade processo/produto; sensibilidade, flexibilidade, fluência, originalidade[11], capacidade de análise e síntese, coerência de organização e lógica, para que sentimentos, emoções e imagens pudessem se relacionar como uma dramaturgia.

---

9. Percurso que conduziu ao encontro com Pina Bausch, no Wuppertal Tanztheater, na Alemanha.

10. Grupo inspirado no conceito de teatro jornal, criado por Augusto Boal.

11. Flexibilidade para uma variedade de abordagens, fluência como capacidade de produzir mais ideias do que a pessoa comum e originalidade são traços da personalidade criativa, de acordo com estudo de vários autores citados por Maria Helena Novaes, em *Psicologia e Criatividade*, p. 35.

△ Antes que Seja Tarde. *Dança Jornal, Reunião anual da* SBPC, *1981. Manifestação simbólica da luta dos povos latino-americanos contra as opressões. Foto: arquivo* Jornal do Brasil.

▽ Nos Bailes da Vida. *Dança Jornal, 1982.*
▷ Do Caviar ao Jiló. *Dança Jornal, 1978. Foto: arquivo do grupo.*

A DRAMATURGIA DA MEMÓRIA NO TEATRO-DANÇA

Esses fatores podem ser adequados à descrição de técnicas corporais de dança; contudo, os fatores técnicos só apareceriam no corpo externo, de maneira equilibrada, caso o executante tivesse primeiro uma compreensão do "corpo interno" daquilo que desejaria expressar:

> Essas *dimensões interior* e *física* ou *mecânica* não podem ter uma existência isolada, pois formam uma unidade. "A experiência da unidade entre dimensão interior e dimensão física ou mecânica, [...] não constitui um ponto de partida: constitui o ponto de chegada do trabalho do ator"[12]. No âmbito de um trabalho metódico de pesquisa, é importante, no entanto, entender que, embora possam compor as duas faces da mesma moeda, elas possuem naturezas diferentes e podem ser trabalhadas separadamente e de distintas maneiras[13].

Na dramaturgia da memória, ambas as dimensões possuem a mesma natureza "física". O conceito de "ação", como energia propulsora da memória associada ao pensamento, desdobra-se em ação aparente no corpo do criador-executante. Essa conceituação é simplificada em relação aos conceitos stanislavskiano e grotovskiano de ação[14], uma vez que inclui tanto o que se passa internamente como o que é externalizado pelo corpo.

A ação na dramaturgia da memória tem como palco um espaço-vão e um tempo-instante entre "ações internas", processadas no pensamento, e "ações externas", quando o pensamento se materializa ao mesmo tempo no corpo, como fala, gesto, movimento, canto, voz. Nesse sentido, o pensamento faz parte do "físico" do criador-executante e não é invisível, é também *res extensa*. A "ação do pensamento" está intrinsecamente ligada à ação motora que se externaliza, formando com ela uma unidade orgânica. O que se externaliza é uma extensão da ação física interna: o "corpo de ideias" torna-se aparente. Essas dimensões,

> são partes do todo da pessoa e da arte de ator. A inter-relação entre elas não segue caminhos lógicos ou cronológicos, que possuem

---

12. Eugenio Barba, apud L. O. Burnier, op. cit., p. 19.
13. Idem, ibidem.
14. Idem, p. 31-56.

CAMINHOS QUE LEVAM À DRAMATURGIA DA MEMÓRIA

sentido e significado diferentes para o ator e para o espectador. Muitos são, no entanto, os elos de ligação íntima entre essas dimensões. As próprias emoções só podem ser *sentidas* quando transformadas em corpo, ou seja, *soma*tizadas[15].

Observamos que, na interação dinâmica de consciente e inconsciente, quando surgem os conteúdos de marcas escritas na memória, a intuição traz à tona símbolos, imagens de situações vividas ou imaginadas. No entanto, não se transformam aleatoriamente em "ações físicas externas", tampouco obedecem a uma fórmula. Segundo Langer: "Nenhuma teoria pode estabelecer critérios de expressividade [...]. Se pudesse, poderíamos aprender a fazer poesia ou a pintar quadros segundo regras"[16].

A dramaturgia da memória é também a cena da pulsação, a cena do devir, das intensidades que confluem na escrita cênica da nova cena contemporânea, é nessa dramaturgia da "grande cena mental" que conteúdos vividos e imaginados estão plenamente confundidos com o *Zeitgeist* (espírito da época) da cena contemporânea e que colocam o criador-executante em contato com suas alteridades memoriais, intuitivas e imaginárias[17]. Eis aqui, numa encenação em palavras, a experiência de uma dramaturgia da memória, fruto da sensibilidade, do momento em que uma profusão de elementos interage numa "alquimia" de memórias.

A ORGANIZAÇÃO DRAMATÚRGICA MEMORIAL

A organização "poética" de fatos vividos ou imaginados na arte de atuar está ancorada nas leis físicas e espirituais inerentes ao homem. Estudando a memória emocional ou afetiva do ator como uma ação controlada que precede a ação física, conformando-se numa narrativa de ordem sociológica e psicológica, Stanislávski mostra-se um pioneiro na realização de experiências ligadas à memória afetiva do ator[18].

15. Idem, p. 19.
16. *Sentimento e Forma*, p. 422.
17. Cf. R. Cohen, *Work in Progress na Cena Contemporânea*, p. XXIII-XXIV.
18. Seria, contudo, oportuno destacar as palavas do ator stanislavskiano Torpov: "Stanislávski [...] ao chegar ao final de sua vida, reviu muitos elementos do

90 A DRAMATURGIA DA MEMÓRIA NO TEATRO-DANÇA

Stanislávski utiliza-se do universo pessoal do ator como estímulo para a composição de uma personagem. Pina Bausch, principal motivadora destas reflexões, vale-se do mesmo universo, criando condições por meio de estímulos verbais, "sutis", para que o criador-executante utilize esse referencial elaborando dramaturgicamente o seu ponto de vista. Abstraindo as questões técnicas referentes à elaboração da personagem em Stanislávski, vemos que Pina Bausch busca atingir este criador de maneira similar.

Nesta proposta, o participante não empresta seus sentimentos a uma personagem para compô-la. Simplesmente "age" impulsionado por suas emoções, traduzindo o seu modo de ver o tema no presente, associando-o a uma história viva e vivida por ele mesmo. Assim não se trabalha, como em Stanislávski, com a "construção da personagem" e a "criação de um papel"; tampouco realiza-se o estudo das "circunstâncias interiores" criadas para explorar o significado de um estímulo-tema (pergunta) como uma continuação de um processo geral de análise. Cria-se, neste trabalho, uma distância em relação ao trabalho desse dramaturgo, a partir do momento em que na dramaturgia da memória as "personagens" somos nós mesmos.

Benito Damasceno observa que parece existir, no cérebro humano, um conjunto de sistemas consistentemente dedicados ao processo do pensamento orientado para um determinado fim (um raciocínio) e à seleção de uma resposta (uma tomada de decisão), com ênfase especial no domínio pessoal e social[19]. Esse mesmo conjunto de sistemas está também envolvido nas emoções e nos sentimentos e dedica-se em parte ao processamento dos sinais do corpo, o que nos permite postular uma "memória via pensamento", que se desdobra em "memória dos mecanismos motores". Dessa forma, a ação cênica é o movimento da alma para o corpo, do centro para a periferia, do interno para o externo.

---

seu método, negando até mesmo [...] algumas de suas afirmações anteriores";
por exemplo, a questão dos "estados emocionais", apud L. O. Burnier, op. cit.
O ponto de maior convergência entre a dramaturgia da memória e seu trabalho, entretanto, é justamente a utilização das emoções do ator.
19. Cf. A Neuropsicologia da Memória, em C. R. Brandãos (org.), *As Faces da Memória*, p. 95-100.

CAMINHOS QUE LEVAM À DRAMATURGIA DA MEMÓRIA

Todas as ações que realizamos na vida são originadas por emoções que, em essência, são impulsos para agir dentro de um sistema humano. Na dramaturgia da memória, as emoções utilizadas são da pessoa para a pessoa. É isso que está em jogo para servir à finalidade cênica. Faz-se necessário encontrar o filtro que selecione a medida adequada para servir à ação suscitada pelo processo de criação. Como? Mantendo a consciência do registro do sentimento-emoção em si mesmo. Dito de outra forma, o criador-executante deve desenvolver a faculdade de conhecer, perceber e apreciar o seu próprio ato de mover os conteúdos memoriais. Isto acontece quando a manipulação torna-se consciente no momento da intuição, e o ator precisa ter certa lucidez quanto ao que quer expressar – lembrando que o filtro joga com o que deixa passar e o que retém.

A memória emocional foi muito explorada por Stanislávski, e nada como uma história buscada no arquivo da memória de seus alunos para exemplificar esta constatação:

Dois viajantes ficaram encalhados nuns rochedos por causa da maré alta. Depois que foram salvos, narraram suas impressões. Um deles lembrava-se de tudo o que *fizera*, nos menores detalhes: como, por que e aonde fora; onde subira e de onde descera; onde pulara para cima e onde pulara para baixo. O outro homem não tinha a menor lembrança do lugar. Só se recordava das emoções que sentira. Sucessivamente, surgiram: *encantamento, apreensão, medo, esperança, dúvida* e, por último, *pânico*[20].

Stanislávski trabalhava incessantemente para que seus alunos pudessem reviver, sem esforço, no momento da atuação, todos os sentimentos que experimentavam na vida real. Alcançar "involuntariamente" esse registro significava para ele a posse de "excepcional memória de emoção"[21]. Esse tipo de memória, capaz de reviver as sensações do passado, não é diferente do que estamos tratando. Esse "registro", porém, utilizado de maneira "involuntária" pelo ator, parece contradizer a "manipulação voluntária" pretendida na dramaturgia da memória. Talvez um ajuste terminológico amenize essa contradição: em vez de invo-

20. *A Preparação do Ator*, p. 186.
21. Idem, ibidem.

92 A DRAMATURGIA DA MEMÓRIA NO TEATRO-DANÇA

luntário, espontâneo. Levando em consideração o que observa Adélia B. de Meneses, os conteúdos inconscientes brotam "da mesma parte da alma da qual brota a imaginação, [...], mas, o que é mais surpreendente ainda, [...] a imaginação é movida pelo desejo"[22]. Se desejo pode ser entendido como uma força, uma vontade, portanto, algo que age e manipula, as sensações revividas são desejadas, são frutos de uma vontade. Percebidas na sua marca original, essas sensações são utilizadas para servir à finalidade cênica. São identificadas no seu registro original e filtradas pela capacidade criativa do executante.

Poderíamos tomar ainda como referência autores como Proust (em sua busca do tempo em que a memória se perde e se acha) ou Walter Benjamin (que busca no passado as histórias que ficaram sem voz) e dizer que essa memória é involuntária. No nosso caso específico, o processo criativo ocorre por meio da memória via pensamento; memória que não é somente involuntária (segundo entendemos), e aqui estamos falando que existe um componente voluntário que, contudo, não anula o espontâneo. No momento em que o artista consente em direcionar um tema para a criação, aciona-se o desejo e a memória é sacudida. O que põe a memória em movimento é a intenção de "criar", expressão do pensamento artístico vinculado a um estímulo. Assim, o que vem à tona no pensamento vem de forma "natural", mas não é totalmente involuntário porque nela se insemina vontade de conceber.

Não há, contudo, motivo para discordar de que a criatividade também pode vir pela memória involuntária, porque é possível estar ouvindo uma música sem a intenção de criar e ocorrer a ideia de uma coreografia. Percebemos, no entanto, que, na Dramaturgia da Memória, especificamente, acionam-se os mecanismos da memória pela vontade.

Retomando a história dos viajantes perdidos de Stanislávski, observa-se que o segundo homem só se lembrava das *vibrações* (*apreensão, medo, esperança, dúvida e pânico*). Tais sentimentos pertencem à memória arquetípica e têm origem na memória coletiva que a humanidade desenvolveu como formas de sobrevivência, de manter sua memória mítica. O exemplo de

22. Memória: Matéria de Mimese, em C. R. Brandão (org.), op. cit., p. 15.

Stanislávski envolve, então, a memória das emoções pessoais (entendida também como capacidade de a pessoa observar detalhes) e a memória arquetípica, comum a todo ser humano.

A "interpretação teatral", tendo em vista a atuação, é um mecanismo que aplicamos de maneira diferente da de Stanislávski. Quando tratamos de "interpretar" um tema, estamos nos referindo ao sentido de entender, julgar, avaliar, determinar o significado. Neste trabalho, estamos nos referindo ao esclarecimento que fazemos sobre nosso próprio texto, isto é, determinada "ideia" que temos sobre o tema. É o que o ator sente e expressa movido pelo senso "poético". Esse aspecto não significa a interpretação de texto nem da personagem. Enfim, é o que pensamos na medida em que a materialização é um modo de ver, de sentir e de expressar a emoção provocada pelo estímulo.

À medida que se emprestam emoções às personagens, "força-se a barra" para adequar a emoção a uma pessoa fictícia. O "representar", tomado no sentido de "estar no lugar de"[23] uma outra pessoa (um outro personagem que não seja o próprio executante), é o "faz de conta" necessário à ficção, mas a ficção é também, na sua origem latina, *fingère*, que significa propriamente "modelar na argila"; "dar forma com qualquer substância plástica, esculpir", no sentido de trabalhar a matéria. Na Dramaturgia da Memória, portanto, age-se como um ser humano que "não faz-de-conta", mas que se conta sem o "ser mágico" stanislavskiano.

O nosso sentimento, sendo análogo ao da personagem é, contudo, um processo difícil de executar. Poucos atores chegam a uma interpretação ideal entre emoção verdadeira e personagem criada por um dramaturgo-escritor. O que se propõe, então, na Dramaturgia da Memória, é que o ator aja como ele mesmo, de acordo com seu ponto de vista sobre a própria vivência.

A utilização da emoção é um movimento que traduz o sentimento, de forma espontânea, sem contudo ser pessoal. Quanto ao pessoal na arte, Jung diz que "a verdadeira obra de arte tem inclusive um sentido especial no fato de poder se libertar das

---

23. L. O. Burnier, op. cit., p. 21.

94   A DRAMATURGIA DA MEMÓRIA NO TEATRO-DANÇA

estreitezas e dificuldades insuperáveis de tudo o que seja pessoal, elevando-se para além do efêmero do apenas pessoal"[24].

Essa simbiose, que toma a pessoalidade do ator sem ser pessoal, tem a emoção filtrada como acontecimento importante, emoção cujo responsável é o sistema humano, um sistema que, além de outras qualificações, aperfeiçoou a poderosa ferramenta "memória". Essa memória grava e estabelece distinções entre impressões atuais e passadas que são comparadas entre si[25].

No caso de uma reação de susto e medo imediatos, resultado de uma força que não permite uma avaliação do quê, do como e do por que algo está acontecendo, processa-se um movimento da memória emocional involuntária, imediato, caracterizado por imagens que voltam como uma "inundação em vívidos detalhes"[26]. Essa reação pode ser provocada pelas coisas mais inusitadas. O som de uma porta batendo ou qualquer outro ruído forte, produz uma reação corporal imediata – para proteger-se, o corpo se enrijece ao mesmo tempo em que o ruído o atravessa, como se quisesse criar uma couraça protetora contra essa suposta ameaça. Essa reação é o "susto". O fato de assustar-se com uma porta batendo é uma reação que se imagina poder ser processada pelo pensamento, mas de forma tão imediata que se torna imperceptível à consciência. Imagina-se que algum mecanismo formula (pensando) imediatamente o comando: "Cuidado! Proteja-se! Você pode ser atingido!" E isso motiva a reação. Essa reação de defesa espontânea acontece em uma fração de segundo, no limite do consciente/inconsciente.

Assim como essa memória emocional vem de forma imediata, ela também vem a convite: é a "memória emocional via pensamento", de acordo com o que se percebe em si. Quando um estímulo é proposto em um processo criativo, parte-se intencionalmente para a reflexão sobre este. Essa atitude é um convite à manifestação da memória, à reação ao estímulo, trazendo lembranças de imagens vividas ou imaginadas, ativadas

24. *O Homem e seu Símbolo*, p. 60 .
25. D. Goleman, *A Teoria Revolucionária que Redefine o que é Ser* INTELIGENTE, p. 24-25.
26. Idem, p. 217.

CAMINHOS QUE LEVAM À DRAMATURGIA DA MEMÓRIA

com determinada intenção. Nesse momento, vastas zonas da memória são acionadas, chegando aos campos em que repousam os tesouros das inumeráveis imagens de toda espécie de coisas introduzidas pelas percepções. As primeiras intuições organizam-se pela ação do pensamento, visto que os sentimentos são manipulados de propósito. Não se trata, no caso, de um propósito falso, já que a imaginação artística é um dom natural relacionado com o talento criativo de cada um. Esse talento manipula intencionalmente o pensamento em direção à finalidade de concretizar a expressão metafórica e busca dar forma ao mundo, articulando a natureza humana e valendo-se de sensibilidade, dor, paixão, morte, alegria e outros sentimentos. A arte, em geral, por certo está enraizada na experiência, e a experiência é construída na memória e performada em todos os níveis do pensamento do artista.

Reforçando essas asseverações, Langer afirma que: "Talento é essencialmente a habilidade inata de manipular ideias tais como as que se tem, a fim de alcançar efeitos desejados"[27], enquanto, para Bergson, o artista "torce a linguagem no limite com a finalidade"[28]. Dizendo de outro modo, se o artista recebe um estímulo para ser trabalhado, ele é capaz de manipular, de maneira lógica, consciente e sutil, a fluidez imagética, a trama das subjetividades e os sentimentos que constituem o ser do seu pensamento criador.

"A memória, como a propriedade de conservar certas informações, remete-nos em primeiro lugar a um conjunto de funções psíquicas, graças às quais o homem pode atualizar impressões ou informações passadas, ou que ele representa como passadas"[29]. Por isso é que dizemos: a arte de ator brota da vida que é preponderantemente ativa considerando-se os conteúdos das suas "vivências". Esse ator utiliza o corpo interno de memórias juntamente com a memória dos mecanismos motores como totalidade expressiva das suas vivências na cena.

A palavra mais representativa do teatro, "drama", traduzida à maneira stanislavsquiana significa, "eu faço". Todavia, a questão prática do "drama", ou melhor, da "ação=eu faço", não está

---

27. *Sentimento e Forma*, p. 422.
28. Apud F. L. Silva, *Bérgson Intuição e Discurso Filosófico*, p. 96.
29. J. Le Goff, op. cit., p. 419.

96 A DRAMATURGIA DA MEMÓRIA NO TEATRO-DANÇA

nos movimentos de andar, mover-se para todos os lados, gesticular em cena braços e pernas. Antes disso, segundo Stanislávski, o drama está nos movimentos e impulsos interiores que geram lembranças vivas na memória. Como lembranças vivas provocadas na memória pelos impulsos interiores, o drama e, consequentemente, a dramaturgia, seria o processo consciente que manipula essas lembranças vividas, compondo sequências de ações com o significado da interpretação sobre um tema. Fala-se aqui da realidade que o artista percebeu ou absorveu sensivelmente do mundo, e a qual ele quer transmitir ao próximo com uma visão pessoal.

Durante o processo criativo do espetáculo *As Mulheres dos Deuses*, um dos estímulos foi a pergunta[30]: "morte". Dentre as ideias emitidas pelas participantes, uma dançarina lembrou-se de que por ocasião da morte do pai coubera-lhe a tarefa de vestir o morto. Durante o processo criativo, no instante em que esse passado veio "à tona" com imagens já prontas (e, portanto, conscientes), seu pensamento procurou organizá-las, buscando uma síntese poética do fato, operando no presente para servir à finalidade cênica. O que foi realizado pela dançarina não foi uma imitação do acontecido, nem uma representação da morte, mas uma ação criando pontos convergentes com a morte (a morte do pai), distinta de uma representação. A sua ideia-ação de simplesmente vestir uma pessoa na cena, constituiu um ritual íntegro e com a leveza digna do ser poético.

Aparentemente, essa ação não tinha nada a ver com a morte propriamente dita. Tinha, contudo, seu ponto de semelhança absolutamente justo ao tema na interpretação da dançarina[31].

---

30. Esclarecemos aqui que resgatamos alguns procedimentos do processo bauschiano. "Pergunta e Resposta" é como se denomina um dos procedimentos bauschianos. Pergunta é o estímulo propriamente dito e resposta é a interpretação do criador-executante a partir desse estímulo. A pergunta, no entanto, não é uma generalização de que todos os estímulos são perguntas propriamente ditas. "Perguntas e Respostas" significam, na verdade, o que cada estímulo provoca de questionamentos internos no criador/executante como a questão: "Como posso realizar isto?" Resposta é o que se consegue realizar em relação ao tema proposto.

31. Esclarecemos mais uma vez que a palavra "interpretação" não está sendo utilizada no sentido de interpretar representando um texto ou um personagem, mas a fim de entender determinado tema e expressar um ponto de vista. Trata-se da interpretação que o criador/executante faz de um tema, ou melhor, a expressão do seu pensamento em forma de ação sobre determinada coisa.

Dessa forma, não estamos descartando que outras funções psíquicas podem interferir e enriquecer o produto do mergulho na dimensão interior. Essa interpretação da dançarina parece-nos, a nós diretores-criadores, justa, servindo aos propósitos do que estava sendo concebido, visto que a associação continha uma lógica sensível.

Ao contrário da memória emocional involuntária (quando temos uma reação imediata e não temos tempo de pensar claramente), a memória emocional, por via do pensamento, lembra conscientemente gestos, movimentos e outras expressões de fatos do passado, para evocar mais uma vez esses sentimentos.

A memória emocional, por via do pensamento, é a alavanca principal da ação dramatúrgica-memorial que tem como forte aliada a "memória corporal" (memória dos mecanismos motores). Segundo Bergson, "o passado conserva-se e, além de conservar-se, atua no presente, mas não de forma homogênea"[32], porque, segundo Ecléa Bosi, "o corpo guarda esquemas de comportamento de que se vale muitas vezes automaticamente na sua ação sobre as coisas: trata-se da memória (do) hábito. De outro lado, ocorrem lembranças isoladas singulares, que constituem autênticas ressurreições do passado"[33].

Bergson vê a relação entre essas duas formas de memória como conflitiva. Todavia, envolvida pelo sopro poético", a energia criativa transforma a memória motora e arranca-a "da bitola dos hábitos". Assim, o que é materializado constitui uma combinação de corpo e alma, na tentativa de expressar a originalidade, no sentido do novo, do singular, buscado no processo criativo-artístico. As memórias podem ser conflitivas, como ele diz, mas, no momento do processo, a operação necessita ser realizada de forma harmônica entre pensamento e movimento do corpo externo. E operar (manipulação do desenvolvimento estrutural do texto cênico) no presente é um movimento encontrado desde o momento em que as imagens emergem conscientemente por meio da memória. E um psicólogo talvez perguntasse: "Será que é mesmo consciente?" Mas falamos em consciente tão somente no sentido de tomar

---

32. Apud E. Bosi, *Memória e Sociedade*, p. 48.
33. Idem, ibidem.

98 A DRAMATURGIA DA MEMÓRIA NO TEATRO-DANÇA

consciência. O mecanismo que leva essas imagens à consciência é inconsciente, e não se sabe que trilhas percorreram de fato, uma vez que só é possível ir em busca, mas não encontrar o tempo perdido.

Pela memória, o passado não só vem à tona das águas presentes, misturando-se com as percepções imediatas, como também empurra "desloca" estas últimas, ocupando o espaço da consciência. A memória aparece como força subjetiva ao mesmo tempo profunda e ativa, latente e penetrante, *oculta e invasora*[34].

O dispositivo criativo desencadeador mistura, nessa operação, o individual e o universal, o passado e o presente, configurando uma cena memorial. A dramaturgia da memória direciona-se para uma dramaturgia "de" memórias na interação com a memória do diretor-criador dramaturgo, que manipula os conteúdos materializados pelo executante. Procede-se, a partir desse momento, à escrita cênica do espetáculo; efetua-se a composição cênica, de acordo com a concepção da direção e tomando por base, com efeito, as memórias do ator-dramaturgo.

A DEPURAÇÃO QUE DÁ ORIGEM À DRAMATURGIA DA MEMÓRIA

Uma motivação externa pode ser apenas uma palavra ou uma pergunta, como se costuma dizer, mas é necessariamente o primeiro passo para desencadear a dramaturgia da memória. Esse primeiro estágio tem lugar inteiramente na mente, a qual se esvaziará, então, dos estereótipos e clichês.

Ao processar-se o esvaziamento da mente, o criador-executante, dirigindo a "si mesmo" a atenção, irá "limpando-a" progressivamente de todos os pensamentos supérfluos, distrações, julgamentos e críticas que interferem na atitude da observação receptiva necessária ao afloramento das vivências interiores criativas da ação interna espontânea.

34. Idem, p. 47. Grifo nosso.

CAMINHOS QUE LEVAM À DRAMATURGIA DA MEMÓRIA

O movimento de esvaziamento caracteriza-se, assim, por uma ação do silêncio, propiciando a eliminação de elementos que povoam e interferem em nossa mente, que pouco a pouco vão se calando e desaparecendo, produzindo uma sensação de calma e aquietamento. Coincidindo com o pensamento de Yoshi Oida, ator ligado ao diretor teatral Peter Brook, que diz: "esvaziar a mente de elementos supérfluos torna-a poderosa e fértil para a criação". Ele cita o exemplo da moringa que só pode encher-se de água porque está "vazia".

Após o silêncio e o aquietamento, a observação transforma-se em contemplação. Vale dizer, não se trata de uma observação fria e distante, mas de uma percepção que interage com o que emerge do inconsciente, em que se encerram vestígios de experiências antigas. Jung acrescenta que esses vestígios "não são apenas conteúdos mortos", nem formas gastas da vida, são conteúdos que pertencem à "psique viva"[35].

Jung também diferencia arte de neurose. Em determinado momento de sua pesquisa, na busca da compreensão de suas próprias imagens, fantasias e sonhos para entender melhor seus pacientes, experimentou uma insinuação da *anima*[36] que lhe dizia: "O que fazes é arte!". Mas Jung rebateu dizendo: "Se eu considerasse as fantasias do inconsciente por manifestações artísticas, tê-las-ia contemplado com o meu olho interior ou deixado que elas se desenrolassem como um filme"[37]. É importante assinalar que a Dramaturgia da Memória, como um processo que envolve o "inconsciente", pode parecer aos desavisados um processo de psicodrama, uma terapia, quando, na verdade, é um processo criativo artístico. Em ações que estão no "limite do sonho e da realidade", segundo Jerzi Grotóvski, o ator "deve ser capaz de construir sua própria linguagem psicanalítica de sons e gestos, da mesma forma como um grande poeta cria sua linguagem própria de palavras"[38].

Um dos fatores que particularizam o processo criativo é justamente este fato: o criador compreende imediatamente e contempla conscientemente os conteúdos emergidos do inconsciente,

35. Op. cit., p. 154.
36. Mensageira do inconsciente, segundo Jung.
37. Op. Cit., p. 166.
38. *Em Busca de um Teatro Pobre*, p. 30.

100 A DRAMATURGIA DA MEMÓRIA NO TEATRO-DANÇA

estimulados pelo tema proposto, conectados a ele. O processo dramatúrgico é vivenciado na interação dinâmica das polaridades consciente e inconsciente, desenvolvendo um diálogo consentido e contínuo entre físico e psíquico passado e presente, espírito (alma) e matéria.

Tendo em vista o fato de o inconsciente registrar conteúdos vividos na vida de cada um, o movimento interno que surgirá será algo que também está ligado à memória arquetípica, porque o homem não é guiado somente por seus próprios pensamentos e muitas das suas condutas e atitudes são coletivas. Jung percebeu, com base em suas próprias experiências e nas experiências com seus pacientes, que, além das memórias pessoais, está presente, no inconsciente de cada indivíduo marcas herdadas da imaginação humana. Tais estruturas inatas, capazes de formar ideias mitológicas, são os arquétipos que constituem uma espécie de matriz, uma raiz comum a toda a humanidade da qual emerge a consciência[39], e a mobilização do arquétipo provoca um "movimento" universal que vai além do sentido dos sentimentos pessoais.

Sem querer demonstrar uma pré-potência, pode-se dizer que o artista intenciona ser uma voz da humanidade. Seu propósito é expressar uma totalidade em contraponto com o ego. Assim é que o homem-artista quer ser mais do que ele mesmo. Por isso,

não lhe basta ser um indivíduo separado; além da parcialidade da sua vida individual, anseia uma "plenitude" que sente e tenta alcançar, uma plenitude de vida que lhe é fraudada pela individualidade e todas as suas limitações; uma plenitude na direção da qual se orienta quando busca o mundo mais compreensível e mais justo, um mundo que *tenha significação*[40].

A transformação do mundo, por meio das ideias materializadas pelo artista, é mais que uma atividade interessada. É um ato "antropofágico". As coisas se metamorfoseiam assimiladas em um jogo de imagens moventes de uma outra face que contém toda uma nova extensão do poder devorador da

39. L. P. Grinberg, *Jung, O Homem Criativo*, p. 134.
40. E. Fischer, *A Necessidade da Arte*, p. 12-13.

CAMINHOS QUE LEVAM À DRAMATURGIA DA MEMÓRIA 101

sensibilidade artística; a organização significativa da sua percepção do mundo constitui um ato de devoração do mundo, fazendo que as coisas da vida de todos sejam a sua própria expressão artística. Assim,

o homem anseia por absorver o mundo circundante, integrá-lo a si; anseia por estender pela ciência e pela tecnologia o seu "Eu" curioso e faminto de mundo até os mais profundos segredos do átomo; anseia por unir, à arte, o seu "Eu" limitado com uma existência humana coletiva e por tornar *social* a sua individualidade[41].

Acontece também que, nessa busca total, no momento da suspensão temporária da razão crítica e analítica para dar espaço à razão poética e simbólica, o foco da consciência que reside no ego e ocupa-se de nossas vivências cotidianas superficiais torna-se mais flexível e começa a deslocar-se, permitindo que entremos em contacto com níveis mais profundos do nosso ser. Essa experiência possibilita que o nível cotidiano e pessoal seja inserido num todo mais amplo, enriquecendo e ampliando o significado do "ser" na vida, isto é, no todo interligado do universo.

Quando os conteúdos já se delineiam conscientemente por meio do pensamento, no momento em que a memória se transforma em pensamento metafórico deve-se observar o lado psíquico dos sentimentos e imagens que surgem sem perder a clareza nem o equilíbrio. O sentimento deve ser propositadamente explorado. Essa exploração é também o reconhecimento do resultado da ação dinâmica da memória que revela lembranças vivas. Ampliado para a sociedade, esse pensamento transforma-se em pensamento social, porque se constitui de lembranças coletivas[42]. Sabemos que na visão jungiana o arquétipo vai muito além do social e do cultural; entretanto, essa citação reforça o fato de a ideologia ser um dado importante no direcionamento do conteúdo na Dramaturgia da Memória.

Essas lembranças, apesar de serem evocadas pela sugestão do estímulo-tema, surgem de forma espontânea e única organizada como que instintivamente, sem premeditação. Isto quer

41. Idem, p. 13.
42. Maurice Halbwachs, apud R. Bastide, *As Religiões Africanas no Brasil*, p. 336.

102   A DRAMATURGIA DA MEMÓRIA NO TEATRO-DANÇA

dizer que a forma do que surge e como se organiza não contempla um pensamento *a priori*. Se o estímulo que sugere "infância" evoca a época sem saber exatamente o que virá como imagem, somente quando está delineada é que se pensa nela; se já é uma imagem pronta, se precisa de ajuste. As associações não devem ser "imediatas"[43]. É conveniente evitar associações óbvias – não vamos dar gargalhadas se o tema é o riso. As associações devem ser "remotas", contudo, conscientes, e deverão, igualmente, denotar uma criação espontânea e única, que revele o momento individual da pessoa.

Nesse estágio, em que se imagina algo que se sabe estar além da primeira impressão, tendo em vista um movimento de ordenação "transcendente", percebe-se que as coisas acontecem como uma rede estrutural imaterial, metafisicamente cristalina; essa rede pode representar um princípio ordenador formativo, de modo que, como ideia, é um anseio de perfeição, é emoção indizível a ser transformada em ações físicas aparentes.

Proceder obedecendo intuitivamente a uma ordenação dos conteúdos é a ação indicada. Para tanto, é preciso uma compreensão das possibilidades que se ligam à rede infinita do universo das "coisas". Assim, as associações surgem na direção de uma dramaturgia ligada à rede das possibilidades, como no hipertexto, apoiada na plurissignagem e nos fluxos[44] que a memória propõe. Diríamos ser também como o que Guattari e Deleuze chamaram de "estrutura rizomática": um sistema de formas as mais diversas, como um verdadeiro rizoma, com extensão ramificada em todos os sentidos[45]: uma coisa que se liga a outra, numa cadeia infinita de possibilidades de associações. Essa configuração tem uma forma de uma consistência peculiar: "sua consistência própria e sua potência intrínseca de organização determinam uma circunscrição [...] singular"[46].

---

43. Perceber o tema eliminando o óbvio, o imediato e usual, ver além do que nos é apresentado: "Uma vez um mestre Zen parou diante de seus discípulos prestes a proferir um sermão. No instante em que ele ia abrir a boca, um pássaro cantou e ele disse: o sermão já foi proferido".
44. R. Cohen, *Work in Progress na Cena Contemporânea*, p. xxiv.
45. L. M. M. Sánchez, *O Processo Pina-Bauschiano como Provocação à Dramaturgia da Memória*, p. 43.
46. J.-P. Marcos, A Virtude Formadora da Imagem, em C. Garcia, *Subversão da Imagem*, p. 345.

CAMINHOS QUE LEVAM À DRAMATURGIA DA MEMÓRIA   103

Essa circunscrição criativa dá a noção de um evento trazido de um espaço remoto da nossa memória, expressando assim o produto criado pela pulsão artística.

O que mais importa nesse instante é agir conscientemente, deixando fluir a energia lúdica presente e dialogar com os símbolos, permitindo que ocorra um jogo cheio de surpresas. Devemos permanecer atentos, desobrigando-nos da representação mimética. Contudo, é preciso um pensar que ultrapasse o usual. Se o tema é um orixá como Xangô, convém trabalhar a energia que envolve o arquétipo desse orixá, evitando o óbvio de imitar um Xangô dançando a sua dança típica com machado e fogo nas mãos, como se vê nos terreiros de candomblé. Procuramos, então, construir ações que tenham uma conexão com o significado do arquétipo que, por sua vez, está mais distante do Xangô visto nos terreiros, mas sem deixar de ser a energia do Xangô. Essa energia, sendo arquetípica, é energia de todos nós seres humanos. Existindo a identificação e a compreensão desses aspectos de forma sensível, a criatividade encarrega-se da síntese poética.

A busca constante de associações é uma procura interminável da "originalidade". Esta qualidade requer muito da capacidade criativa na procura de associações "positivas"[47] nas quais estão implicitamente presentes as várias extensões e transfigurações do significado que ela permite. As associações positivas contêm a abertura a novas interpretações que se desdobram no contacto com o criador-espectador, que vai ordená-las dramaturgicamente em uma narrativa que seja justa com o tema. Para Langer,

o verdadeiro poder da imagem [...] está no fato de que é uma abstração, um símbolo, um portador de uma ideia. [...] Uma imagem nesse sentido, algo que existe apenas para a percepção, abstraída da ordem física e causal, é a criação do artista[48].

Na ordenação dramatúrgica não importa que o drama vivido seja trágico ou cômico, mas que seja a narrativa da compreensão simbólica daquilo que é a vida além do plano concreto

---

47. F. L. Silva, op. cit., p. 97. "Quando a atividade simbólica cristaliza metáforas no sentido de representar espacialmente a realidade espiritual, estamos no plano negativo da simbolização". Denominaremos aqui associação positiva a associação que não se cristaliza, que deixa abertura a novas interpretações.
48. Op. cit., p. 49-50.

104 A DRAMATURGIA DA MEMÓRIA NO TEATRO-DANÇA

e literal, ou melhor, fora do sentido cotidiano. De acordo com Burnier, "a *teatralização* é precisamente o momento no qual operamos a transferência das ações observadas do seu contexto [...] para o teatral. A teatralização é também a *dilatação* dessa ação, ou de parte dela"[49]. Sair do cotidiano é também realizar ações que, além do mais, contemplem o múltiplo, a fusão e a diluição dos gêneros na referida dramaturgia.

O movimento de ordenação deve ser espontâneo, não se processa, portanto, visando a um resultado preestabelecido. A melhor solução parece-nos ser o não acreditar "saber dizer" o que queremos dizer. Tanto o processo como a expressão cênica contemporânea deve levar em consideração que não se pretende dizer o que se deseja dizer[50]. Afinal é muito mais criativo quando tudo acontece no registro do inesperado, proporcionando, assim, ao espectador, a satisfação na fruição. Cumpre-se, desse modo, a função da arte de não estar a serviço da comprovação de teorias para a satisfação "intelectual".

A inteligência é uma habilidade que está presente em várias funções da mente. Nós a imaginamos, portanto, nesse momento, apenas como auxílio à criatividade, até o ponto de não pôr em risco a espontaneidade da intuição. A criatividade, por sua vez, por não estar sob o domínio único da inteligência, não deve deixar-se dominar totalmente por esta. Segundo Stanislávski, em arte qualquer análise intelectual empreendida por si só e como um único objetivo será prejudicial, pois suas qualidades matemáticas e secas tendem a esfriar o impulso do *élan* artístico e do entusiasmo criador[51].

Marvin Carlson[52] conta que Bergson, reagindo ao cientificismo de Zola e de sua geração, voltou sua atenção para o mundo interior das "emoções e da intuição". Bergson refere-se ao *élan* vital, impulso vital, como uma corrente de vida interior que podemos perceber por instinto ou por intuição, mas totalmente inacessível a sistemas intelectuais rígidos. Para Bergson, contudo, a inteligência apodera-se do mundo por meio

49. Op. cit., p. 186.
50. O princípio de não querer mostrar o que se quer dizer faz parte da conduta bauschiana, e foi levantado por mim em *O Processo Bauschiano como Provocação à Dramaturgia da Memória*.
51. *A Criação de um Papel*, p. 26.
52. *Teorias do Teatro*, p. 291.

CAMINHOS QUE LEVAM À DRAMATURGIA DA MEMÓRIA

da atividade de simbolização, muito importante no momento da criação artística. Para esse autor: "O homem [...] traz em si a maneira de superar-se a si mesmo [...] realiza essa superação, transcendendo a condição humana, não pela desarticulação da inteligência e da linguagem, mas pela gênese e pela função de ambas"[53]. Devemos, portanto, deixar fluir a intuição, "a intuição, aliás, somente será comunicada através da inteligência. Ela é mais que ideia, ela deverá, todavia, para lograr transmitir-se, cavalgar algumas ideias"[54].

O fato de esse processo enfatizar a expressão criativa faz que a vivência poética dessa narração de sentimentos, imagens e sensações situe-se em um nível mais amplo da experiência humana, retirando o caráter pessoal e particular do que é realizado. Deve-se examinar se o que está sendo expresso é um problema psicológico próprio, pois só assim poderemos sair do nível pessoal e psicodramático. Esse lado mais amplo e geral da experiência humana é o lado arquetípico.

As imagens arquetípicas são diferentes das imagens de caráter pessoal. Jung denominou "primordial" toda imagem que conta com paralelos mitológicos de "caráter coletivo e arcaico". Segundo esse autor, arcaico "tem o sentido de relíquia e representa todos aqueles traços que possuem as qualidades do modo de pensar do inconsciente". "O pensamento associativo e a fantasia", segundo ele, "são pensamentos arcaicos"[55].

Quanto ao associacionismo, pode-se dizer resumidamente que é um processo criativo que se deve ao poder do pensamento de associar ideias[56]. As novas ideias são manufaturadas valendo-se das velhas por um processo de tentativas e erros. Apela-se para a combinação de ideias uma após a outra, até chegar ao que se deseja: a combinação é a nova ideia. As analogias sucessivas que surgem são associações da memória pessoal, vale dizer, voltamo-nos para as próprias vivências, assim como ocorre na "memória arquetípica", porque é memória comum a todo ser humano.

Notadamente, a memória arquetípica é uma memória fundamental na materialização do símbolo, porque o arquétipo,

53. Apud F. L. Silva, op. cit., p. 99.
54. Idem, p. 95.
55. M.-L. von Franz, *A Imaginação Ativa na Psicologia de C. G. Jung*, p. 166.
56. G. E. Kneller, *Arte e Ciência da Criatividade*, p. 39.

por meio dos símbolos, "canaliza o instinto puro para formas mentais, fazendo a conexão entre natureza e espírito. Como contrapartida do instinto, ele é o precursor da ideia, ou seja, o princípio de uma determinada experiência concreta"[57], começo e fim, passado e presente.

Mediante o empenho dos mecanismos da criação, a experiência é condensada: resposta materializada em cena. É a fase de composição do espetáculo, quando, enfim, costuramos ou "editamos" o material criativo, promovendo a vivência poética (do grego *poiésis,* criação, fabricação, confecção – o modo de operar do artista) e simbólica em uma narrativa de ações físicas externas. Por meio do corpo visível do executante-criador, o presente organizado pelas memórias transforma-se na dramaturgia da memória manifesta.

Essa depuração artística, independente da forma estética, é a ação verdadeiramente expressiva, algo que é toda a vida criativa da pessoa expressa em síntese, uma verdadeira química de esforços humanos na busca da originalidade, elemento fundamental de um produto artístico. É uma ação de dentro para fora, um movimento da alma para o corpo. Contudo, não é uma fórmula mágica para o sucesso; é apenas uma conduta que pode propiciar um resultado expressivo. Antes de tudo, é bom lembrar, depende do gênio criador de cada um.

Podemos concordar com Bergson quando diz que nesse sistema de uso do impulso vital, "o artista desempenha um papel especial porque, como o filósofo, ele possui um dom específico que lhe dá acesso ao mundo interior do *élan vital*". Se esse dom fosse partilhado por todos os homens, já não haveria necessidade da arte, "ou melhor, todos nós seríamos artistas"[58].

Esse resultado é expressivo, portanto, não somente porque se quer que ele seja. É um esforço da natureza do artista pela arte. A arte é um instrumento mágico que serve à sociedade no desenvolvimento de suas relações sociais. Segundo Artaud, "queremos fazer do teatro uma realidade na qual se possa acreditar, [...]. E o público acreditará nos sonhos do teatro com a condição de

57. L. P. Grinberg, op. cit., p. 136.
58. Idem, p. 291.

CAMINHOS QUE LEVAM À DRAMATURGIA DA MEMÓRIA

considerá-los de fato como sonhos"[59]. Isso se deve à capacidade da arte de atingir o espectador e a do artista de atingir a si próprio. Ele atinge a si próprio quando percebe o *élan* de uma ação, "que pode ser entendido como seu 'sopro da vida' ou seu 'impulso vital', algo enigmático, desconhecido, porém não sabido, que nos impulsiona à ação, à vida, por meio das ações[60]".

A sabedoria, no uso desse impulso vital, é uma depuração intuitiva, e sugere uma analogia com o processo alquímico. Jung revela que quando começou a compreender a alquimia pôde perceber que esta constituía um liame histórico com a gnose, e assim, por intermédio dela, encontrar-se-ia restabelecida a continuidade entre passado e futuro[61]. Jung via no trabalho alquímico um relato do processo de transformação psíquica e desenvolvimento da personalidade a que ele chamava processo de "individuação", um processo de desenvolvimento do ser humano em direção à sua "totalidade".

Os alquimistas manipulavam a matéria tentando resgatar o espírito que julgavam ali aprisionado. De modo análogo, trabalhamos com a matéria, o nosso corpo, o das memórias, por meio das quais resgatamos o significado mais profundo de símbolos remotos que estão em potencial na nossa alma, promovendo a escrita cênica: transformação de drama passado em ação no presente. Assim, a alquimia é um símbolo de algo que é resgatado do nosso passado memorial na cena contemporânea: transformação de memórias em ação-dramatúrgica materializada em cena presente.

Enfim, ao realizarmos o espetáculo, experimentamos o resultado do esforço integrado de atores e diretores a cada dia exercitando-se, impelidos por meio de desejos e inclinações, entregando-se a um processo criativo de desnudamento, traduzindo sentimentos e emoções numa entrega sem egoísmos, buscando o que há de mais íntimo no seu ser. Assim, promovemos a vivência poética e simbólica, aproximando e integrando, na escrita cênica, as polaridades consciente e inconsciente, passado e presente, dentro e fora, corpo e alma, percorrendo em um movimento espiralado os ciclos da dramaturgia da memória.

59. Apud L. O. Burnier, op. cit., p. 25.
60. Idem, p. 40.
61. C. G. Jung, op. cit., p. 177.

COMO MOBILIZAMOS OS ARQUÉTIPOS

De acordo com Jung, os arquétipos constituem-se em uma matriz, uma espécie de raiz comum a toda a humanidade da qual emerge a consciência. Não existe, portanto, ser humano que não possua essa "memória mãe", um segredo de todos. Dessa forma, também

este é o segredo da ação da arte. O processo criativo consiste [até onde nos é dado segui-lo] numa ativação inconsciente do arquétipo e numa elaboração e formalização na obra acabada. De certo modo, a formação da imagem primordial é uma transcrição para a linguagem do presente pelo artista, dando novamente a cada um a possibilidade de encontrar o acesso às fontes mais profundas da vida que, de outro modo, lhe seria negado. É aí que está o significado social da obra de arte: ela trabalha continuamente na educação do espírito da época, pois traz à tona aquelas formas das quais a época mais necessita[62].

Se o homem evolui, valendo-se das suas necessidades de sobrevivência, com certeza a arte evolui junto com o homem-artista durante a época em que ele está vivendo, criando e, assim, revelando sua inquietude e desejo de transformação. Mesmo que ele não seja propositadamente comprometido com sua época, acreditamos que intuitivamente ele responde às necessidades provocadas pelo "espírito da época".

A dramaturgia da memória não só traz à tona no presente o que é pessoal como também traz a memória arquetípica, pois, além de ser processada pelo "ser humano", tem como algo essencial o interesse pelo próprio "ser humano" e suas mais íntimas motivações, em vez do "movimento puro"[63].

De acordo com Bausch, o que interessa é o motivo que move as pessoas; motivo que, segundo as diretrizes deste trabalho, está na organização vital, nos símbolos altamente articulados do mundo, que são os arquétipos. Evocar os arquétipos é buscar o porquê das relações entre as pessoas e o mundo que

---

62. *O Espírito na Arte e na Ciência*, p. 71.
63. Dizemos movimento puro, o movimento apenas ligado às técnicas preestabelecidas de treinamento corporal, que visam apenas ao fortalecimento muscular.

CAMINHOS QUE LEVAM À DRAMATURGIA DA MEMÓRIA 109

as cerca, expondo estruturas da personalidade humana, modos de comportamento, rituais e sentimentos, que, por sua vez, são ecos dos imperativos sociais e culturais, das convenções e suas imposições ao comportamento do indivíduo pela memória da humanidade.

Quando nascemos, já nascemos com o inconsciente coletivo; o inconsciente pessoal é criado depois do nascimento. O inconsciente coletivo, além de ser a camada mais profunda do inconsciente, também corresponde a uma imagem do mundo que levou eras e eras para se formar[64]. Presentes no dia-a-dia do criador, as imagens arquetípicas também estarão presentes nos processos de sua criação. Esse conflito processado artisticamente retrata-nos o papel da própria existência humana:

> Lado a lado com as fontes pessoais, a fantasia criativa também desenterra a mente primitiva com suas imagens, encontradas nas mitologias de todas as épocas e de todos os povos. A totalidade dessas imagens constitui o inconsciente coletivo, uma herança potencialmente presente em todos os indivíduos[65].

Elas são "o pano de fundo de nossas experiências" e, uma vez de acordo com a visão junguiana, "vivemos arquetipicamente e somos guiados por arquétipos"[66]. Os conteúdos coletivos "são formas universais coletivas"; todos os instintos e formas básicas de pensamento e sentimento, tudo que se considera universal, como a agitação e a tranquilidade, o tumulto e a solidão, a alegria e a tristeza, o ruído e o silêncio, a claridade e a escuridão, o humor e a frustração, a vida e a morte, o estático e o movimento, a justiça e a injustiça.

A mobilização intencional do espaço arquetípico dá-se no fato de a reflexão provocar analogias sucessivas dos conteúdos das memórias que passam por uma manipulação consciente do próprio artista, e não de um terapeuta. O que move o artista é a inquietude, a vontade de manipular algo que se materialize, pois não existe processo artístico sem produto. Nessa manipulação, o artista busca conexões remotas associadas a um

---

64. L. P. Grinberg, op. cit., p. 135.
65. Jung, apud L. P. Grinberg, op. cit., p. 135.
66. Idem, p. 137.

110 A DRAMATURGIA DA MEMÓRIA NO TEATRO-DANÇA

tema da sua vida, em um movimento que trata da restituição ao mundo daquilo que o criador quer expressar concretamente. Esse trabalho está no campo dos "elementos vivos", não na execução de técnicas ou em exercícios explícitos; está na sensibilidade de ele perceber e redimensionar seu próprio ritmo junto a um pensamento cultural e ancestral, como se as ações dessem forma à própria vida.

Bausch afirma que seus "dançarinos são sensitivos" em razão de serem pessoas intuitivas, sensíveis. Assim, "neste momento não somos mais indivíduos artistas, mas uma espécie sensível; pois a voz da humanidade (considerando que os arquétipos são memória da humanidade) ressoa em nós"[67].

Se o ódio está em pauta, nós o transformamos em um único ódio que é expresso na intolerância, na vingança, na inveja. Não devemos particularizá-lo, tomando-o em um sentido pessoal. É necessária a percepção do registro da energia arquetípica do ódio, o qual deverá vibrar de forma universal na ação realizada, no processo "quase" indizível da criação artística. Na realidade, não podemos ter explicações matemáticas para isso, porque são elementos subjetivos que ativamos, e tais elementos são difíceis de explicitar.

Uma vez que nos detemos no intuito de entender o processo artístico em todos os seus níveis, nós nos dispomos a compreendê-lo como se fosse uma fórmula. O processo artístico é uma revelação da percepção do criador sobre seu sentimento integrado e intenso do mundo em que vive. Em contacto com essa revelação, o espectador parece defrontar-se com um objeto de valor emocional peculiar, que é um efeito psicológico da atividade artística, a "emoção estética"[68] que é, de fato, segundo Langer, "um sentimento difuso de *jovialidade*, inspirado diretamente pela percepção" das sensações que a arte pode nos proporcionar.

Nesse caso, é necessário reconhecer a atividade da energia psíquica no processo criativo; contudo, isso só se torna possível com o reconhecimento da relação que, segundo Jung, baseia-se "no fato de a arte, em sua manifestação, ser

67. Idem, p. 70.
68. Langer esclarece, contudo, que acha melhor evitar o termo "emoção estética", pois acha que não há muito a dizer sobre o sentimento em questão.

CAMINHOS QUE LEVAM À DRAMATURGIA DA MEMÓRIA   111

uma atividade psicológica e, como tal, pode e deve ser submetida a considerações de cunho psicológico"[69]. Assim, nossa intenção é apenas clarear alguns fatos da experiência vivida por meio de alguns pontos da teoria de Jung, sem, contudo, violar a natureza da arte, mesmo porque tornam-se difíceis as explicações que contêm um detalhamento absolutamente preciso dos processos criativos na arte.

O RITMO COMO ORGANIZADOR DA PRÓPRIA HISTORICIDADE NA DRAMATURGIA DA MEMÓRIA

Segundo Fischer, "o movimento rítmico apoia o trabalho, coordena o esforço e liga o indivíduo ao grupo, ao social"[70]. Todavia, o ritmo não está restrito à medida da duração dos sons ou da ação do movimento, seu início e fim. Ele não é somente um conjunto de durações ou uma frase, ou uma sequência de alturas, dinâmicas ou articulações. O ritmo é muito mais que isso; é uma ideia inteira com vibração suficiente para transmitir possibilidade de significar sua vibração seja na vida cotidiana ou na vida artística. Não se deve sobrepor o aspecto métrico do ritmo a sua condição de componente vital na realização dos eventos da humanidade, sejam eles nascimento, vida e morte, percurso em que a arte circunstancialmente está inserida. Fazer fluir o ritmo é deixar-se levar por vibrações de pulsões.

Toda referência ao arquétipo, seja experimentada, dita ou estimulada por um processo criativo, é literalmente comovente, isto é, ela atua, visto que liberta em cada um uma voz mais poderosa; essa voz da imaginação criadora é um conjunto de vibrações com elementos cadenciados do eterno processo orgânico da vida; é algo que provoca movimentos interiores no momento de um processo criativo artístico; é uma forma dinâmica de movimento puramente orgânico que serve de base para o sentir dos registros ressonantes das ocorrências da vida. Essas energias organizam organicamente o "contínuo" dos conteúdos da memória, e, de forma voluntária, transformam vida

---

69. *O Espírito na Arte e na Ciência*, p. 55.
70. *A Necessidade da Arte*, p. 44-45.

em expressão artística. Assim, "quem fala através de imagens primordiais, fala como se tivesse mil vozes; comove e subjuga, elevando aquilo que qualifica de único e efêmero na esfera do contínuo devir, eleva o destino pessoal ao destino da humanidade [...]. Este é o segredo da ação da arte"[71].

Na Dramaturgia da Memória, o processo consiste numa ativação consciente do ritmo da energia do arquétipo[72]; ativação essa que é percebida pela sensibilidade das vibrações de vozes, imagens, e sensações que são o próprio ritmo vital. Esse ritmo aparece com um traço misterioso, provavelmente evidenciando unidades biológicas de pensamento e sentimento, submetidas às explorações assonantes e consonantes durante o processo criativo artístico.

O ritmo está em tudo, até em uma pedra ou em uma escultura. Num primeiro momento, ela nos parece estática; no entanto, tem ritmo, pois, se observarmos, está disposta harmoniosamente no espaço e no tempo com seus elementos expressivos e estéticos, com alternância de valores de diferentes intensidades no caminho dos seus traços no espaço. Enxergar o ritmo somente pelo ponto de vista da medida é deixar de descobri-lo como essência do todo. Aleksandr Blok, no ensaio: "O Teatro Dramático de V. F. Komissarzhevskaya", afirma que tanto o teatro como a poesia emana "do elemento primitivo da terra: o ritmo" que move "tanto os planetas como as almas das criaturas terrenas". O drama, "a própria encarnação da arte", é "a mais elevada manifestação desse ritmo"[73]. Essa declaração coaduna-se com a proposição de que o drama é movimento e, consequentemente, dança.

De outra forma, Stanislávski nos faz crer ainda mais que o ritmo está presente antes do movimento aparente. Um dos seus alunos, em uma aula, se surpreendeu quando o autor disse: "Você não está em pé no ritmo correto!", "Ficar em pé no ritmo!" Surpreendeu-se o aluno. Então, falou-lhe Stanislávski:

Ali no canto tem um rato. Pegue um pau e se ponha em posição para esperar por ele; mate-o tão logo ele pule para fora... Não,

71. C. G. Jung, *O Espírito na Arte e na Ciência*, p. 70-71.
72. Idem, p. 71.
73. Apud M. Carlson, op. cit., p. 309.

CAMINHOS QUE LEVAM À DRAMATURGIA DA MEMÓRIA 113

desta maneira você vai deixá-lo fugir. Olhe com mais atenção – mais atenção. Quando eu bater palmas, pegue-o com o pau... Ah, viu como você está atrasado! De novo. Concentre-se mais. Tente golpear ao mesmo tempo que as palmas. Isso! Percebe como agora você está em pé de modo completamente diferente de antes? Ficar em pé e observar um rato é um ritmo; outro, completamente diferente, é esperar um tigre que se arrasta em sua direção[74].

Perceber a vibração do ritmo biológico como energia e metamorfoseá-lo em ritmo voluntário[75] é fator importante durante a atitude criativa. O criador-executante sente as pulsões envolvendo-se de maneira consciente. Ele deve deixar-se levar pelas vibrações, e precisará sacrificar o exibicionismo, a superficialidade e seu desejo de ser apreciado na forma externa. Assim, organicamente, sem interferência de valores e dogmas conscientes, podem vir à tona as vibrações dos seus *insights* mais fortes. Estes obviamente não surgem somente pela vontade, precisam de um campo propício aberto no momento em que a mente elimina estereótipos e chavões, tornando-se vazia e permitindo sentirem-se as pulsões da alma.

Como disse muito sabiamente Grotóvski, "existe um momento de 'graça' durante o qual a criação flui, as energias fluem, o inusitado (ou o esquecido) surge"[76]. É necessário, portanto, ter vontade e sensibilidade para elevar a alma às potências desconhecidas como em uma prece que poderá ser atendida ou não pelo cosmo, para que as visões mais amplas da memória arquetípica apareçam como linguagem poética. É assim que procuramos conduzir esta experiência em nós.

A vontade é fator importante, aquela vontade e disposição de espírito que nos sugere Stanislávski: o ator deve estar preparado com uma disposição de espírito que estimule seus sentimentos artísticos e abra sua alma para uma entrega sem egoísmos, provocando um sentimento "poético", que é um modo de vibração em si, é uma percepção do ritmo sensível.

Pela sensibilidade das vibrações percebemos a densidade das ações internas cedendo lugar ao ritmo do pensamento, saltando de imagem em imagem na construção de uma plasticidade,

---

74. Apud L. O. Burnier, op. cit., p. 45.
75. R. Garaudy, *Dançar a Vida*, p. 99.
76. Apud R. Garaudy, op. cit., p. 105.

A DRAMATURGIA DA MEMÓRIA NO TEATRO-DANÇA

originária das vivências. O estilo próprio de o executante compor as ações produz a mobilidade, sugerindo o ritmo característico do seu próprio pensamento na dramaturgia da memória. Característica deve ser igualmente a preparação para a entrega que abre a alma ao cosmo. Isadora Duncan, famosa dançarina dionisíaca, segundo Garaudy, e precursora da dança moderna, dizia que o que ela dançava eram os ritmos da natureza. Essa sensibilidade é que faz com que os conteúdos da memória transformem a relação que o criador tem consigo mesmo e com a humanidade.

O criador que se deixa levar pelo ritmo do cosmo encontra a alteridade. A sensação do ritmo é vivida em um plano de imanência, pois o ritmo existe nele como fator inseparável da sua existência. Este ritmo cósmico organiza subjetivamente toda a historicidade dos indivíduos envolvidos: atores, diretores e plateia.

O ritmo não é somente "a essência da dança", como diz Gordon Craig[77]; é a essência de qualquer ação, seja ela do movimento, da fala, do canto ou do corpo inteiro. O ritmo é a essência do ser.

Segundo Langer, o ritmo "processa-se através de uma série de estações [...]; crescimento, maturidade, declínio"[78]. A autora chama este ciclo de ritmo trágico. É sua também esta fala: "O humor é o esplendor do drama, uma repentina intensificação do ritmo vital". De outra forma, Langer fala-nos que a comédia apresenta o ritmo vital da autopreservação, e a tragédia exibe o da autoconsumação[79]. Além disso:

A essência de toda composição [...] é a semelhança de todo movimento *orgânico*, a ilusão de um todo indivisível. A organização vital é a estrutura de todo sentimento, porque o sentimento existe apenas em organismos vivos; e a lógica de todos os símbolos que podem expressar sentimento é a lógica dos processos orgânicos. O princípio mais característico da atividade vital é o ritmo[80].

O que chama atenção nas colocações de Langer é que a autora coloca o ritmo como determinante da identidade das ações

77. Apud S. Fernandes, *Memória e Invenção*, p. 285.
78. Op. cit., p. 365.
79. Idem, ibidem.
80. Idem, p. 358.

ou as ações como identidade de ritmos. De certa forma, é o que queríamos dizer a este respeito: dependendo da combinação rítmica do nosso pensamento, estaremos expressando uma ação que traduz uma situação específica, triste, alegre, cômica, trágica, entre inúmeras outras. Este caráter rítmico do organismo permeia a identidade não só da música ou da dança, mas de todas as ações que realizamos com o corpo e a alma.

A identidade das coisas está no ritmo que elas contêm, ou o ritmo impresso a determinada ação é essencial à sua identidade. O avanço rítmico cadenciado do eterno processo de vida, mantido indefinida ou temporariamente, perdido e restaurado, é o grande padrão vital geral não só do que exemplificamos no dia-a-dia, mas também das ações na arte.

Sem o ritmo não lograríamos organizar as nossas vidas no universo, ou mesmo não teríamos nascido, porque as ocorrências no mundo se dão pelo movimento cadenciado dos componentes da vida de forma a propiciar a combinação harmônica ou dissonante entre si, gerando o mundo com tudo o que existe nele, no tempo adequado. Diríamos que a essência de toda ação é o ritmo, que é a criação do tempo virtual e sua determinação completa pelo movimento de formas visíveis, audíveis e sensíveis. Como as artes cênicas, a música e a pintura, esta essência é a semelhança de movimento orgânico, a ilusão de um todo indizível, a organização vital, que é a estrutura de todo sentimento. Segundo Langer, "toda a vida é rítmica; em circunstâncias difíceis, seus ritmos podem tornar-se muito complexos, mas, quando eles são realmente perdidos, a vida não pode durar por muito tempo"[81].

A grande tarefa do ritmo é organizar nossas ações na arte-vida, mantendo vivo o ser humano. A organização do sentimento em relação à concepção de uma obra é uma manifestação simbólica da mais alta resposta orgânica, não somente na música como também nas artes cênicas.

Aristóteles, em antiga declaração, que nos semelha oportunamente atual, dizia: "O engenho natural encontra o metro adequado ao poema, a epopeia e a tragédia diferem pela métrica, o ritmo jâmbico melhor se adapta à linguagem corrente, o tetrâmetro trocaico à dança e ao satírico, e o hexâmetro à

81. Idem, p.133.

116   A DRAMATURGIA DA MEMÓRIA NO TEATRO-DANÇA

epopeia"[82]. O metro é, portanto, elemento parte do ritmo que deu sentido não só aos gêneros do teatro ou às ações da cena contemporânea, mas a todas as nossas ações na vida.

"Pura vida" é como se qualificava as peças de Shakespeare, já que eram "ditas com o coração". Elas eram concebidas pelo autor seguindo unidades orgânicas; quando eram encenadas, a pulsação das batidas do ritmo vital do coração do ator eram fundamentais, consolidando a peça como um todo orgânico. O pulsar do coração ilustra igual continuidade funcional: a diástole prepara a sístole e vice-versa. Segundo Langer, "toda a autorreparação dos corpos vivos"[83] está baseada no fato de que a exaustão de um processo vital sempre estimula uma ação corretiva que, por sua vez, se exaure na criação de condições que exigem um novo reinício.

Existem inúmeros estudos sobre o ritmo, baseados na noção de periodicidade, ou recorrência regular de eventos. É verdade que as funções rítmicas elementares da vida têm fases regulares recorrentes: batidas do coração, respiração, e os metabolismos mais simples. Mas o caráter óbvio dessas repetições tem feito com que as pessoas as considerem como essência do ritmo, o que elas não são. [...] A essência do ritmo é a preparação de um novo evento pelo término de um evento anterior[84].

As peças de Shakespeare eram compostas evidentemente de ações rítmicas que não tinham um único movimento repetido tal como as batidas do coração. Suas ações, contudo, eram de movimentos completos denotando, tal qual a essência do ritmo, uma sensação de começo de intenção e de consumação, com término de uma última ação encadeando o surgimento de uma outra ação, não necessariamente de igual duração ou intensidade. Dessa maneira, as batidas do coração são fundamentais à vida e à arte do homem. Elas nos dão o significado do pleno exercício do princípio da continuidade rítmica que é a base da unidade orgânica que dá permanência aos corpos vivos. Ativando o ritmo orgânico pelo pensamento, encontramos a "métrica" adequada à ação metafórica da dramaturgia.

82. *Poética*, p. 20.
83. Op. cit., p. 134.
84. Idem, p. 133.

CAMINHOS QUE LEVAM À DRAMATURGIA DA MEMÓRIA

A arte é vida interior, é toda nossa realidade subjetiva tecida pelo ritmo do pensamento e da emoção, imaginação, percepção sensorial, e é o coração que determina o pulso de todas essas ações. No momento em que, no processo criativo da Dramaturgia da Memória, nos dispomos a refletir sobre um tema, propiciamos as condições de recepção da intuição em nossas mentes em relação à energia rítmica vinculada a ele.

A ativação, por meio do ritmo vital, cria circunstâncias que provocam ressonância, mobilizando o próprio espaço da representação, mesmo na fronteira da representatividade, instaurando uma relação entre o ritmo metamorfoseado e o real. Isto se dá porque o executante percebe em síntese o ritmo das ocorrências do mundo.

Laban diz que "o ser humano não é só um ponto de passagem de um cosmo à deriva; ele concentra em si a força e o domínio desse cosmo"[85]. O processo dramatúrgico organiza organicamente os diversos elementos sugeridos pelo cosmo.

Moldamos estes elementos pela combinação de energias rítmicas. Pelo ritmo também costuramos a narrativa, numa sucessão de várias intensidades harmônicas e dissonantes. Não só as imagens, constituintes da expressão, sugerirão o que se quer exprimir, mas também a metáfora como tal deve ser um discurso do ritmo. Em nosso trabalho no Wuppertal Tanztheater, Pina Bausch deu-nos como estímulo-tema "Penélope", insinuando que o ritmo da ação poderia ser ritmo lento, para encenar com precisão a metáfora da espera.

O ritmo é um elemento básico na vida, pois parece ser a primeira experiência sonora que temos quando estamos no útero e percebemos os batimentos do coração materno. O ritmo, portanto, será sempre o responsável por nos afetar naquilo que temos de mais visceral e instintivo: a maneira própria de cada um conceber e ordenar o mundo. O que realizamos na arte são ressonâncias das vozes dos ritmos da vida.

Ao exercitarmos a percepção do ritmo do universo deixando-nos pegar pela corrente de variações de intensidade dos conteúdos das memórias, exercitamos o ritmo vital. O ritmo é, pois, o lugar em que o sujeito se reinventa na linguagem para

---

85. Apud R. Garaudy, op. cit., p. 114.

A DRAMATURGIA DA MEMÓRIA NO TEATRO-DANÇA

que se estabeleça o contacto dele com níveis profundos do seu ser, do mundo e do seu semelhante.

O SÍMBOLO E A DRAMATURGIA DA MEMÓRIA

Na Dramaturgia da Memória, o ponto de vista do criador--executante – ou o resultado de uma expressão da ideia sobre um tema, ou, ainda, algo que adquire forma à medida que ele articula uma visualização de realidades que não podem ser expressas pela linguagem discursiva adequadamente – é preparado para o ato de simbolizar. Em um primeiro momento ele cria um símbolo que é um registro deixado por nossos antepassados. Este será um dos símbolos que tiveram especial significação para eles e que, de alguma maneira, foram captados e mantidos como a imagem do sentimento que organizou ritmos da vida e formas de emoção. Assim,

a história do simbolismo mostra que tudo pode assumir uma significação simbólica: objetos naturais (pedra, plantas, animais, homens, vales e montanhas, lua e sol, vento, água e fogo) ou fabricados pelo homem (casa, barcos ou carros) ou mesmo formas abstratas [...]. De fato, todo o cosmos é um símbolo em potencial[86].

A função importante do símbolo aqui, entretanto, é revelar a dimensão poética do foro íntimo, buscando analogias promovidas pelo estado poético conscientemente ligado ao estímulo-tema.

Ao afirmarmos o uso do símbolo, tornamos a atividade simbólica consciente de si própria a ponto de superar-se no movimento plural dos seus atos. Devemos provavelmente entender o uso evidente da simbolização como uma restauração da metáfora, como atividade de formar imagens: aqui o que conta é menos o resultado como representação fixa e cristalizada do que a possibilidade, continuamente atualizada, de representar metaforicamente.

Quando o símbolo surge no esvaziamento da mente em razão do estímulo, ele é submetido a uma contemplação poética,

86. A. Jaffé, *O Simbolismo nas Artes Plásticas*, p. 232.

CAMINHOS QUE LEVAM À DRAMATURGIA DA MEMÓRIA 119

gerando metáforas múltiplas. É como se essa representação quisesse derrubar o eixo paradigmático da própria metáfora, propondo, em cadeia, outros símbolos que, embora sejam metáforas, não parecem a substituição de algo, mas o rompimento de sentido pela falta deste que aparentemente demonstram.

Todo estímulo-tema sugerido torna-se um símbolo, uma ponte para o desconhecido: se o estímulo-tema é "flores" – ou seja, ornamentos postos nos jarros em cima de um móvel –, colocamos a nossa alma diante desse estimulo que, assim, transforma-se em algo mais que um simples ornamento, algo ligado a uma rede de possibilidades. Isso não quer dizer que qualquer coisa poderia significar outra, uma vez que o criador precisa adequar-se ao tema[87]. Esse princípio significa que, embora remota, a possibilidade simbólica surgida deve obedecer a um fio condutor que está em cada um e não permite o desligamento da "matriz". O universo das possibilidades indica-nos outros significados, antes ocultos à nossa percepção.

O olhar interior da nossa consciência busca expressar-se traduzindo a multiplicidade qualitativa das imagens que se sucedem. Sentir com a alma é a visão poética que estabelece o contacto com a essência do símbolo desdobrado em analogias sucessivas, que não se produzem somente pela vontade, uma vez que é necessário abrir mente e corpo para o acontecimento. Para a arte, é preciso dis-pôr-se. A potência transformadora do símbolo residirá justamente na sua espontaneidade, no seu frescor, na surpresa que provoca a sensação de algo novo que nasce desencadeando outros significados.

O efeito dessa simbolização dará ao espectador a ideia gerada pelas emoções em nós, ao mesmo tempo em que lhe permite perceber a própria emoção. Segundo Langer, existe nessa percepção uma emoção real, que a autora denomina "emoção estética"[88]. Essa emoção, uma vez que é um efeito psicológico da atividade artística, não se expressa na obra, mas pertence à pessoa que a percebe[89].

---

87. L. M. M. Sánchez, op. cit.
88. Langer adverte que, da sua parte, acha melhor evitar o termo "emoção estética", apesar de usá-lo.
89. S. Langer, op. cit., p. 410.

120 A DRAMATURGIA DA MEMÓRIA NO TEATRO-DANÇA

Essa percepção, por sua vez, conduz o espectador rumo a uma cadeia de possibilidades situada no universo das coisas, repercutindo na sua interpretação (leitura) sensível. Assim, o resultado dessa simbolização tornar-se-á sensível em cadeia, por meio da abstração do criador em busca de formas que ativam a percepção do criador-receptor. Todo esse direcionamento, porém, constitui uma implicação sutil: apesar de a obra ser feita para ser mostrada, o artista não deve se preocupar com o que o público vai pensar da sua obra. Na verdade, o público deve procurar entender pelos sentidos, e o melhor seria deixar-se levar pela corrente das visões simbólicas ressonantes desencadeadas pela obra de arte.

O QUE TEMOS A DIZER SOBRE O CONCEITO CONTEMPORÂNEO DE DRAMATURGIA

Atualmente, dramaturgo e dramaturgia vivem sob a égide de um novo conceito e de um novo produto artístico. É que "chegamos ao fim da narrativa linear"[90]. No mundo contemporâneo, lembra Guinsburg: "as noções de tempo, espaço e presença estão alteradas"[91]. A obra cênica do teatro-dança é hoje uma "cena memorial" que traduz o sentido organizado do "texto do ator-dançarino", constituído pelo ritmo do espírito de nossa época. Esse ritmo é delimitado pelos paradoxos próprios do *Zeitgeist* contemporâneo, como afirma Pavis:

A essa multiplicidade de métodos e pontos de vista acrescenta-se a extrema diversidade dos espetáculos contemporâneos. Não é mais possível reagrupá-los sob um mesmo rótulo, mesmo um tão complacente como "artes do espetáculo", "artes cênicas" ou "artes do espetáculo vivo". Está concernido tanto o teatro de texto (que encena um texto preexistente) como o teatro gestual, a dança, a mímica, a ópera, o *Tanztheater* (dança-teatro) ou a performance: exemplos de manifestações espetaculares que são produções artísticas e estéticas, e não simplesmente "comportamentos humanos espetaculares organizados". A encenação não é mais concebida aqui como a transposição

90. R. Cohen, op. cit., p. xxv.
91. Em R. Cohen, op. cit.

CAMINHOS QUE LEVAM À DRAMATURGIA DA MEMÓRIA

de um texto em uma representação, mas como produção cênica na qual um *autor*, (o encenador), obteve toda a *autoridade* e toda a *autorização* para dar forma e sentido ao conjunto do espetáculo[92].

Assim, na medida em que o dramaturgo é um "espelho da sua época", necessariamente não será mais unicamente a pessoa que se dedica a escrever dramas para serem encenados no teatro. A dramaturgia "não" será, pois, uma história que leva apenas em consideração um *enredo, caráter, pensamento, elocução, espetáculo e melopeia*. A nova cena contemporânea, nas palavras de Guinsburg[93], aboliu, além do mais, "o estatuto dos gêneros".

O novo paradigma contemporâneo funda, na cena e na teatralização, a passagem para uma "dramaturgia" a expressar na cena uma nova tessitura que incorpora "a não sequencialidade, a escritura disjuntiva, a emissão icônica, numa cena de simultaneidades, sincronias, superposições, amplificadora das relações de sentido[94], do inesperado que não comporta os gestos e posturas previamente prescritas tanto da dança como do teatro:

Essa escritura permeia outra narratividade apoiada nas associações, nas justaposições, na rede, numa não causalidade que altera o paradigma aristotélico da lógica de ações, da fabulação, da linha dramática, da matização na construção de personagens[95].

O dramaturgo contemporâneo não tem por missão isolar um problema, clarificar os seus termos e arranjar um argumento de modo a sugerir uma solução. A solução adequada à nova cena parece-nos ser aquela em que o produto artístico contém a alteridade do real, provocando uma ressonância no criador-plateia que encontra a "autenticidade no texto", o conjunto das mensagens elaboradas na "interpretação" do criador-executante que forma o todo orgânico ou "tecido cênico".

O criador-executante propõe uma cena que não reduz a dimensão da alteridade em discursos convincentes, mas que traz à luz o que comove o ser humano; que é o próprio "ser humano". Ele busca o momento em que a linguagem para de reper-

92. Jean-Marie Pradier, apud P. Pavis, *A Análise dos Espetáculos*, p. xviii.
93. Em R. Cohen, op. cit.
94. R. Cohen, op. cit., p. xxv.
95. Idem, ibidem.

A DRAMATURGIA DA MEMÓRIA NO TEATRO-DANÇA

cutir o discurso estabelecido e estabilizado. Processo/produto direcionam-se para o instante em que a linguagem se reinventa por meio das vozes das memórias, a configurar a autenticidade do texto. E encontrar autenticidade no texto é, para o espectador, simplesmente entender o símbolo, encontrando nele próprio a ressonância desse símbolo, que vai desencadear seus sentimentos.

Quando produzimos um texto-cênico contemporâneo por intermédio das ações, uma série de pistas formadas por signos de expressão poética ritmicamente organizada faz vibrar a sensibilidade do receptor. Assim, não serão incidentes do enredo que irão provocar a resposta de sua sensibilidade, mas, sim, a ressonância autêntica que não tocará somente o seu intelecto, mas, ao menos, atravessará seus olhos, ouvidos e poros, por meio das sensações rítmicas. Não somos apenas criadores-executantes, somos também plateia, e nunca assistimos a um espetáculo somente pelas representações do intelecto, mas pelas sensações que o espetáculo nos faz experimentar, e, sobretudo, pelas vibrações do ritmo desse espetáculo em cada um.

Autores da cena atual no teatro-dança, como Pina Bausch, procuram engendrar uma escritura que não se esconda atrás da clausura das representações, pois seria o mesmo que fechar-se em códigos preestabelecidos que deem prioridade ao imitado ou ao fingido. O que se pode ver da concepção de tais criadores é a formalização de uma linguagem que, além do mais, permita ao receptor ser igualmente criador da história. O receptor é estimulado a exercitar sua imaginação da maneira que bem entender, mediante alusões que despertam recordações capazes, por sua vez, de provocar associações ao infinito.

Nessa cena,

o ator é o poeta da ação. A sua poesia reside, sobretudo e antes de mais nada, em *como* ele vive e representa suas ações assim desenhadas e delineadas. Independentemente do tipo de teatro que faça, a sua poesia estará sempre *como* ele representa, por meio de suas ações, para os espectadores. Não importa que caminho seja mais estimulante para ele, [...]. O fato é que *sua* poesia estará sempre em *como* ele faz, modela, articula, dá forma às suas *intenções*, a seus impul-

CAMINHOS QUE LEVAM À DRAMATURGIA DA MEMÓRIA

sos interiores, ou, ainda, em *como* se articulam transformando-se em *ações físicas* [96],

que desencadeiam associações na plateia. Essas associações constituem, por sua vez, uma "reinvenção" produzida no encontro do criador-espectador com o produto desse poeta. É o momento em que se concretiza o "fenômeno teatral"; é o instante em que a arte opera sua magia indizível, cumprindo a função de emocionar o ser humano, provocando "uma formulação de nossas concepções de sentimento [...] da realidade visual, factual e audível, em conjunto. Ela nos dá *formas de imaginação e formas de sentimento*, inseparavelmente"[97].

O processo de reinvenção é contínuo, e tem início no exato momento em que o executante se propõe a buscar algo original, que se desdobra juntamente com a plateia. Essa reinvenção supõe de fato a busca de algo precioso, impossível de ser nomeado e definido concretamente. Como toda essência poética, esse processo é cercado de mistério e magia (uma procura da "pedra filosofal"); além do mais, é também a busca do combate aos discursos, às representações convincentes e às utopias normalizadas e sedimentadas que fazem dissipar a alteridade, que provoca ressonância na plateia.

Esse processo não tem uma intenção política, mas é também um ato político, na medida em que busca a renovação da linguagem teatral. Dessa maneira, exigência política e exigência artística são experimentadas como eminentemente solidárias, mas unicamente porque se concretizam em um trabalho sobre a linguagem que busca produzir ecos ao infinito no ser humano.

De outro lado, o trabalho de criadores como Pina Bausch, figura emblemática da nova cena, pode ser visto como político porque efetivamente suas obras põem em evidência as emoções humanas como insegurança, complexos e neuroses, retratando a atitude repressiva da sociedade sobre o homem. Vistos desse ponto, seus trabalhos são comentários políticos ao *status quo* social, desmascaram as condutas, crueldades e distanciamentos no trato entre pessoas.

96. L. O. Burnier, op. cit., p. 35-36.
97. S. Langer, op. cit., p. 412.

124 A DRAMATURGIA DA MEMÓRIA NO TEATRO-DANÇA

Encarando a atitude de busca de renovação do teatro como um ato político, verifica-se que o teatro deu um grande passo nesse sentido ao abolir as unidades aristotélicas, dando oportunidade para o surgimento do ator-criador-dramaturgo em quem nasce a cena memorial do teatro-dança. Nesse ponto, a Dramaturgia da Memória provoca uma atitude política, na medida em que traz um campo de ações compartilhadas pelo narrador-criador-executante e ouvinte-criador-plateia, promovendo um engajamento do passado no presente, quando são mobilizadas reflexões sobre um contexto social.

Voltando à memória do teatro no tempo, encontramos uma declaração que valoriza o ator-dramaturgo, e que destacamos aqui. Essa declaração parte do crítico estético Apollon Grigoriev. Para Carlson, esse autor foi um crítico conservador, mais preocupado com o drama[98]. Entretanto, esse crítico demonstra, já nessa época, uma posição bastante revolucionária e moderna, quando propõe a valorização do ator, a quem via não como um simples intérprete, mas como um "importante criador", embora complemente que esse criador é "pouco menos que o poeta". O ator-dramaturgo, nos dias de hoje, pode ser dito poeta: cria em si mesmo e por si uma unidade completa de um tema, com suas leis únicas e individuais.

Na Dramaturgia da Memória, o ator também é o autor da escrita cênica que se desdobra no espetáculo e, na cena do teatro-dança, significa um casamento intenso de memórias do ator-dramaturgo-criador-encenador e plateia.

98. *Teorias do Teatro*, p. 239.

5. A Materialização do Processo Dramatúrgico Memorial

> *Por trás dos teus pensamentos e sentimentos, irmão, há um soberano possante e um sábio desconhecido. Ele mora no teu corpo, é teu corpo [...].Agora sou leve, agora voo, agora me vejo abaixo de mim mesmo, agora um deus dança através de mim.*
>
> NIETZSCHE, *Assim Falou Zaratustra*

Zaratustra falava que não era possível acreditar em um deus que não soubesse dançar. Quem é esse soberano que trabalha nos bastidores, mas não se contenta em lá permanecer e atravessa o corpo que se eleva? Mora no corpo e é o corpo; contudo, é preciso que esse corpo se deixe dançar. O criador-executante, na Dramaturgia da Memória, submete-se, coloca-se à disposição dessa potência, mas para fazê-la trabalhar para ele: eis a criação.

Esse processo criativo é uma prática que faz sentido quando se aciona a memória – o que exige agora a entrada em cena de uma primeira pessoa com seu referencial ancestral e cultural de afro-brasileira-baiana. O referencial cultural afro-brasileiro, como estímulo neste processo, desencadeia um desdobramento da memória do participante, contribuindo para a construção e a afirmação de identidades. Afirmação que é sempre reivindicação, e um dos modos de reivindicar é apelar aos antecedentes históricos. Buscamos algo de nossas identidades em um passado a ser sempre recriado na construção de identidades sempre atravessadas, nunca terminadas.

A Dramaturgia da Memória busca trazer construções poéticas que sirvam de alicerce a realizações revestidas de novos

126 A DRAMATURGIA DA MEMÓRIA NO TEATRO-DANÇA

significados. Nasce como um processo artístico-criativo e mostra-se efetiva como processo artístico-pedagógico, mas também mobiliza e fortalece outras instâncias do comportamento humano enraizadas no passado, uma vez que lida com o enraizamento:

a necessidade mais importante e mais desconhecida da alma humana. É uma das mais difíceis de se definir. O ser humano tem uma raiz por sua participação real, ativa e natural na existência de uma coletividade que conserva vivos certos tesouros do passado e certos pressentimentos do futuro[1].

A ligação verificada entre ancestralidade e corpo atuante remexe particularmente com os mecanismos da minha identidade afro-brasileira. Sob a direção de Bausch, no Wuppertal Tanztheater, as minhas respostas aos estímulos tinham o traço da minha cultura e ancestralidade – nunca estive tão perto do que sou, no sentido do "sinto, logo existo". Reconheço, assim, que essa cultura não deve ser o outro quase sempre inaceitável, mas reconhecidamente memória constituinte de uma identidade brasileira, uma fonte rica de motivos.

A experiência com Bausch fortaleceu esse aspecto. As lembranças colhidas das relações interpessoais, com meus parentes, além de outros grupos constituídos de pessoas afrodescendentes vieram à tona com força, mobilizando, entre outros, o meu interesse pelo resgate dessa ancestralidade.

Um dado importante desse contexto, como coreógrafa, diz respeito a uma inquietação pessoal quanto ao tratamento às vezes dado à cultura afro-brasileira, manancial rico de possibilidades de abordagens por meio da arte, mas que, muitas vezes, vi ser levado para a cena apenas por meio da imitação de seus rituais sagrados e danças dos orixás.

À crença de que o sagrado é o sagrado, tautologia que nos soa muito forte, dizendo-nos que o sagrado é superior e intocável, somamos o que nos disse Bausch, em Palermo, 31 de maio de 1989; "não devemos imitar a realidade, ela é muito mais forte do que

---

1. Simone Weil, apud F. Frochtengarten, A Memória Oral no Mundo Contemporâneo, *Revista de Estudos Avançados*, p. 368.

A MATERIALIZAÇÃO DO PROCESSO DRAMATÚRGICO MEMORIAL 127

qualquer imitação". E, com esta ideia, propusemos-nos o desafio de fazer um trabalho de dança-teatro[2].

Dada a subjetividade intrínseca à memória individual, a relação com a ancestralidade era movida pela intenção de mudança de perspectivas; enfim, de propor caminhos ainda não percorridos ou insuficientemente batidos, capazes de levar a descobertas originais, entendidas aqui como aquilo que nos é de origem. Esse referencial, todavia, não é buscado em temas religiosos explícitos, mas na projeção associativa de experiências vividas e imaginadas, sem imitação.

O LEVANTAMENTO DOS ESTÍMULOS-TEMA

Para ser desencadeada a Dramaturgia da Memória é necessário ter como pano de fundo uma pesquisa histórica geradora de estímulos. O Projeto Alforria – *O que Rui Barbosa não Queimou* – iniciado em 1996, pretendia, mediante pesquisas históricas e culturais, resgatar alguns fatos sobre a vida dos negros na história das lutas pela liberdade e da resistência à escravidão, dando-lhes um tratamento distinto dos usuais nos trabalhos de temática afro-brasileira e uma projeção contemporânea, por meio do teatro-dança. O trabalho parte de um processo de pergunta-resposta que tem como finalidade despertar, na memória dos dançarinos, respostas ancestrais, quiçá inconscientes; respostas guardadas na memória de cada um dos participantes. Para a elaboração do roteiro, os pontos de partida são textos de provocação ou textos geradores, numa clara analogia com o que, no método Paulo Freire, recebeu o nome de "questão geradora" – que toma por base as obras de diversos autores[3], estudiosos da vida e da cultura negra.

2. L. M. M. Sánchez, *O Processo Pina-Bauschiano como Provocação à Dramaturgia da Memória*, p. 51.
3. Dentre outros, Eduardo Galeano, João José Reis, Roger Bastide, Manuel Querino, Evaristo de Moraes, Edison Carneiro, Décio Freitas, Antonio Monteiro, Clóvis Moura, Richard Price, Ronaldo Vainfas, Jefferson Bacelar, Tomás Pedreira, Kátia Mattoso, Juana Elbein, Júlio Braga, Maria Helena Machado, Maria Stela de Azevedo Santos, Pierre Verger, R. Slenes, Ruth Landes, Vivaldo Costa Lima, Yeda Pessoa de Castro.

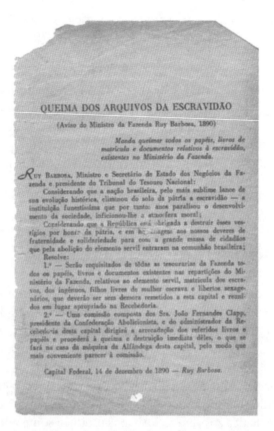

Projeto Alforria, O Que Ruy Barbosa, 1996.

O primeiro trabalho montado pelo projeto Alforria foi *As Mulheres dos Deuses Força, Transe e Paixão*, cujo objetivo era trazer à luz, por meio de ações femininas negras simbolicamente interpretadas, a vertente negra da cultura brasileira.

A referência principal do trabalho é Luiza Mahim, mãe do abolicionista Luiz Gama e uma das mulheres hoje reverenciadas como símbolo de luta e resistência. Pretendeu-se fazer, a partir dos pequenos registros encontrados na bibliografia sobre os negros na Bahia, uma apresentação da vida e do papel das mulheres negras, não apenas no seu quotidiano, no silêncio do dia a dia, mas também enquanto sacerdotisas, guardiãs da força, do saber e do poder dos orixás. Da sua participação na resistência da África recriada dos quilombos, quando forneciam a retaguarda e o apoio a seus

△▽ As Mulheres dos Deuses. *Projeto Alforria, 1999. Fotos: Gildo Lima.*

130 A DRAMATURGIA DA MEMÓRIA NO TEATRO-DANÇA

guerreiros, semeando a vida e os alimentos. Detentoras de uma cultura da diáspora guardavam e guardam gestos, cantos, danças, jogos, e, sobretudo, a fé, a força do axé[4].

A extensa e cuidadosa pesquisa histórica[5] permitiu definir um "grande objetivo", uma temática no referencial afro-brasileiro (ver Stanislávski): "a presença da mulher negra na história das lutas e resistência à escravidão". Da bibliografia levantada, selecionamos vários trechos significativos (textos geradores) como, por exemplo:

Antes de escapar, as escravas roubam grãos de arroz e de milho, pepitas de trigo, feijão e sementes de abóbora. Suas enormes cabeleiras viram celeiros. Quando chegam aos refúgios abertos na selva, as mulheres sacodem as cabeças e fecundam, assim, a terra livre"[6].

Dos trechos significativos, extraímos palavras-chave que se transformaram em matéria básica do trabalho:
Escapar
Levar a vida nos cabelos
Semear
Resistir
Direcionadas como perguntas, essas palavras e expressões geraram nas dançarinas uma série de respostas-ações cuidadosa e detalhadamente anotadas. Quando da composição, as ações apresentadas foram reelaboradas em alusão ao quadro "As Sementes da Resistência", que segue o Prólogo do espetáculo.

A ABERTURA A OUTROS REFERENCIAIS

A Dramaturgia da Memória não está restrita a uma raça, a uma cultura ou tema específico; é um instrumento para todos aqueles que estão interessados em remexer as águas da memória – ritos e mitos que são parte viva e integrante da cultura de um povo.

---

4. Texto extraído do Projeto Alforria; reflexão conjunta com o pesquisador, roteirista e diretor Carlos Ramón Sánchez.
5. Idem.
6. E. Galeano, *Memória do Fogo 2 – As Caras e as Máscaras*, p. 30.

A MATERIALIZAÇÃO DO PROCESSO DRAMATÚRGICO MEMORIAL   131

O processo, além de outros fatores, tem raízes em um tipo de universalidade, o das vibrações arquetípicas, e pode ser desenvolvido tendo como estímulo qualquer outro referencial. No caso da experiência prática em 2003, com alunos do curso de Artes Cênicas da ECA-USP, associamos ao candomblé o texto *Quatro Textos para Teatro: Mauser, Hamlet Máquina, A Missão, Quarteto* de Heiner Müller.

HEINER MÜLLER E CANDOMBLÉ –
UMA EXPERIÊNCIA PRÁTICA COM ALUNOS
DA DISCIPLINA INTERPRETAÇÃO IV DO
DEPARTAMENTO DE ARTES CÊNICAS DA ECA-USP

O que nos sugere Heiner Müller? Imagens, sobreposições de imagens, sucessão de imagens, tempo, memória, não linearidade. Uma mensagem que vai além do seu próprio texto, rico em metáforas que estimulam associações. As analogias com o candomblé foram criadas precisamente com base nos arquétipos dos orixás.

A busca de analogias pela memória arquetípica dos orixás motivou a grande pergunta-estímulo: "Como cada pessoa deve buscar as energias do arquétipo de um determinado orixá com o qual se identifique como ser humano?" Relacionando esse orixá ao texto de Heiner Müller.

Além de interpretar os fenômenos da natureza, o candomblé tem, na memória de quase todos os brasileiros, um laço fundamental com a ancestralidade. O grupo mostra interesse na matéria, preocupa-se com a pesquisa, começa a trazer livros que tratam do assunto para enriquecer o trabalho. Os alunos vão aprender a trabalhar o "descontrole". Misturar racionalidade e memória inconsciente, princípio que deve ser modificado no percurso, indo além do cotidiano, em busca do universal. Trata-se de perceber a memória que se transforma em presente. Não se trata de copiar o folclore, nem de repetir, em cena, transes ou rituais do candomblé, mas de fazer a experiência de descoberta dos aspectos humanos de um orixá com os quais o homem se identifica.

Nessa experiência – um processo artístico-pedagógico pela Dramaturgia da Memória para alunos de um curso de formação

132   A DRAMATURGIA DA MEMÓRIA NO TEATRO-DANÇA

em artes cênicas –, fazia-se necessária a elaboração conjunta, envolvendo todos os participantes com o percurso e os procedimentos utilizados no processo. A orientação é trazer à tona os pensamentos, paisagens e personagens do eu, do *self*. Descobrir e montar paisagens, buscando uma ação sintética, aprofundando o conhecimento das energias de que se compõem as ações dos orixás através dos seus arquétipos. Importa ressaltar que, para o bom desenvolvimento do trabalho, é fundamental a leitura do texto de Heiner Müller.

Os exercícios de preparação técnica de interpretação seguem sempre estimulando o lado humano do ator: ele deve se manifestar obedecendo a um motivo interno humanizado. Os estímulos-exercícios recebidos são direcionados para a percepção de imagens e sensações que devem se organizar internamente, antes de se transformarem em ações externas. Compor uma personagem por meio dos seus próprios sentimentos é uma conduta stanislavskiana utilizada.

Alguns procedimentos autênticos do processo pina-bauschiano vão sendo introduzidos. Sentimos no olhar de cada um o desejo de aprofundar detalhes teóricos; contudo, observamos que a discussão intelectual pode tolher a espontaneidade, a sutileza e outros fatores da criatividade. De fato, não poderíamos inventar ou ir além do que são esses pontos vivenciados do processo bauschiano, compreendidos por meio da percepção do sentido do que seja "sair do usual", "ser você mesmo", "não intelectualizar", "ser simples", "não ser abstrato" – ainda que as abstrações existam em todo processo analógico –, "ser justo com o tema sem ser óbvio", desobrigando-se da representação mimética e buscando um pensar "transcendente".

No processo pina-bauschiano existem originalmente pontos básicos a esclarecer para estes alunos: os criadores-executantes não sabem explicitamente o porquê dos estímulos, embora possa haver pesquisas de campo de maneira aberta, sem que se defina exatamente o ponto a que se quer chegar. Os "porquês" das perguntas propostas não interessam aos executantes, e eles não têm contato direto com essa parte do processo. O motivo para essa indeterminação mostra sua importância como parte do processo criativo: se o participante conhece os motivos temáticos em detalhes, certamente poderá sofrer

A MATERIALIZAÇÃO DO PROCESSO DRAMATÚRGICO MEMORIAL 133

influências, sua criatividade poderá ser comprometida. Deve-se, portanto, evitar o máximo possível as influências que poderiam criar um pré-conceito e desviar as próprias impressões do criador-executante, bem como sua vontade, sua mente e sua imaginação.

Outro ponto importante da conduta bauschiana é a não construção de personagens, além de dispensar uma preparação técnica com exercícios de interpretação (ela não é considerada necessária). Entretanto, no caso de alunos em um curso de formação, alguns exercícios técnicos de preparação do ator podem ajudar. Acontece que, mesmo orientados a humanizar suas ações, alguns alunos cometem equívocos inaceitáveis nessas circunstâncias. É o caso, por exemplo, de estereotipar a ação, caricaturar com o excesso de interpretação, querendo se mostrar – o "exibicionismo" natural que todo artista tem. Esse exibicionismo precisa ser identificado e dosado de forma equilibrada no processo criativo artístico. Entendemos que esse comportamento pode ser devido a uma falta de amadurecimento da prática sugerida e também por se tratar de pessoas ainda muito jovens.

Preservando alguns aspectos da conduta bauschiana, o aluno deve resgatar sua experiência em suas memórias, sentimentos, lembranças e imagens; ou seja, não buscar modelos externos, pré-estabelecidos, mas sim voltar o olhar para si próprio. Mergulhados nessa tarefa, devem buscar a origem da ação, diversificar o movimento à procura das possibilidades espaciais, de forma e de tempo/ritmo. A pressa, nesse caso, é inimiga, uma vez que buscar a origem de uma ação ou movimento demanda tempo e concentração. E exige tempo porque esse procedimento precisa fazer o caminho do inconsciente para o consciente, que é o percurso da memória "via pensamento", memória que é utilizada pelo ator e cujos conteúdos são direcionados para o que ele deseja realizar.

Demônio: encontrar várias formas de caminhar de demônio, sem ilustração – observo que é um momento cuja realização deve estar voltada para as associações que não devem ser óbvias. Para cada cara de demônio, um caminhar; para cada cara e cada caminhar, uma voz. Centralizar-se na máscara e na forma de caminhar são as indicações.

Comentário:

As pessoas, quando estimuladas a fazer as caras e caminhar de demônio, fazem caras feias e se contorcem como aleijados. Perguntamos se um demônio não pode ser uma pessoa que tenha uma cara de anjo. Um demônio não tem necessariamente cara de demônio; o demônio pode se disfarçar de várias formas.

Dando prosseguimento ao exercício, perguntamos: como seria a voz desse demônio, se ele falasse?

Compor a máscara com todas as possibilidades de movimento do rosto, testa, sobrancelhas, olhos, boca, nariz etc. Anjo, o oposto de demônio – trabalhar contrastes estimula a aprender a diferenciar, estimula a capacidade de análise e a criatividade do aluno. Escolher três formas de caminhar e três caras de anjo.

Comentário:

As provocações levam o aluno a ter consciência do que está realizando e a aprender a selecionar e organizar determinado material. O trabalho feito não deve cair no "não lembro o que fiz" – o que normalmente acontece com pessoas que trabalham a improvisação de forma aleatória; prática que faz com que se percam momentos de grande riqueza criativa durante o processo.

Pede-se aos alunos que selecionem momentos significativos e que sejam anotados.

Uma vez que já foi trabalhado o "demônio", transfere-se o que foi realizado para o estímulo "anjo".

Comentário:

Assim como observamos com o "demônio", o tema "anjo" estimula as pessoas a fazerem cara de boazinhas, de ingênuas. O tempo/ritmo vai para câmara lenta, andam leves e se portam como crianças. Se é isso o que a maior parte das pessoas vê em um anjo, a composição do anjo reflete simplesmente o senso comum. Também podemos perguntar: por que não sair do usual? Por que não buscar analogias que produzam algo inesperado?

Em outro momento, solicita-se a combinação desses elementos, incluindo também a voz, o que implica ter de estruturar uma combinação de três formas: modo de caminhar, cara e voz.

Seguindo uma sistematização, os alunos são orientados a realizar uma combinação de anjo e demônio e a construir histórias com essas combinações. Em seguida, devem reduzir tudo o que está sendo feito a 50% – os alunos reduzem tudo apenas no sentido do tempo, fazendo tudo em câmara lenta, quando a redução sugerida deveria também conter as dimensões do espaço e, consequentemente, a forma.

Comentário:
Para trabalhar o espaço, é preciso não esquecer que nele há níveis, direções, regiões. Nível superior: tudo o que é realizado em pé ou saltando; nível médio, o que é realizado sobre os joelhos ou sentado; nível inferior, tudo o que é realizado deitado completamente no chão. Noto que os elementos do espaço entre os alunos só são explorados no que tange a deslocamentos e, assim mesmo, sinto falta, nesses deslocamentos, do trabalho das linhas do espaço como retas, curvas sinuosas, diagonais, círculos e suas possibilidades de combinação.

No exercício com bastões, os alunos trabalham ação e reação, dois a dois, ambos segurando um único bastão, experimentando todas as possibilidades de movimento. A dinâmica do exercício lembra o "contacto improvisação", dado que o bastão faz parte do todo, é como se fosse um só corpo se movimentando; esse corpo não constrói uma ideia antecipada que limita o espaço para criar, mas sim a ação e a reação, que são realizadas no "fluxo e refluxo", não devendo demonstrar intenção, nem forte nem fraca, no percurso.

Redimensionando o exercício, os alunos deverão amarrar tudo o que foi realizado, mas agora sem o elemento; ou seja, tudo o que foi feito com o bastão deverá ser realizado sem ele. Observação: considerar as adequações do que já foi feito às novas dimensões de forma, tempo e espaço, além de jogar com as polaridades das energias masculinas e femininas. A sequência também deve ser redimensionada sem o companheiro, além de conter indicações como: decompor, repetir, reduzir, jogar com a velocidade e com a não sequencialidade. Começar de um jeito e terminar de outro. Fazer o movimento cantando uma canção.

136   A DRAMATURGIA DA MEMÓRIA NO TEATRO-DANÇA

Comentário:

O que se apresenta é um jogo de formas e movimentos em várias dimensões, com muita riqueza. Quando um exercício é redimensionado, pode trazer várias formas inesperadas. Vemos as possibilidades que poderemos ter também com a utilização de outros objetos, de várias outras maneiras.

19/08/2003

O que significa ler Heiner Müller? O que significa ler um texto ao qual não podemos aplicar protocolos de leitura a que estamos acostumados? O texto de Müller desloca-nos de uma posição confortável de leitor e exige uma intervenção. É preciso entrar no texto, percorrê-lo, apropriar-se dele.

Proposta: um exercício prático para trabalhar foco, direção, tônus e tempo. Dispostos na parede do fundo da sala, todos caminham gradativamente para o centro, buscam o seu espaço e começam a caminhar com os joelhos flexionados. Quando todos chegam, depois de certo tempo vão para a posição de cócoras, tomam impulso e saltam para um outro espaço; depois do salto, voltam à posição de cócoras. Segundo uma progressão, os alunos devem combinar sequências de salto e giro. Ao saltarem, fixam o ponto para onde vão saltar. Seguem-se algumas variações: caminhando com os joelhos flexionados, em ritmo lento, ao sinal fazem um giro marcando um foco; em seguida, continuam andando lentamente e com joelhos flexionados. Voltam a saltar, dessa vez, tentando conduzir o impulso pelo braço. Ao sinal dado, devem caminhar, saltar, girar, fazer grandes saltos além do salto padrão, ou seja, do salto que foi realizado primeiramente. Caminham incorporando as várias ações, mais o elemento queda; por fim, devem realizar tudo que foi feito usando o tempo lento e acelerado.

20/08/2003

Alguns alunos apresentaram cenas que foram pedidas para ser construídas a partir de alguma passagem do texto de Heiner Müller. Os textos escolhidos foram *Mauser*, *Hamlet-Máquina*, *A Missão* e *Quarteto*. Cada um escolheu texto e passagem que lhe convinha.

A MATERIALIZAÇÃO DO PROCESSO DRAMATÚRGICO MEMORIAL   137

Comentário e resumo da avaliação da apresentação de algumas cenas:

Observamos que os alunos precisavam trabalhar a síntese; as cenas mostradas traziam em sua maioria um excesso de imagens, exageros de energia, interpretação exacerbada – alguns querendo mostrar o que queriam dizer; outros querendo ilustrar o texto de Heiner Müller. Qual a atitude mais adequada na direção desse processo? Certamente dosar, introduzir pouco a pouco critérios e críticas, pois sabemos que em um processo pedagógico criativo devem-se evitar valores como certo ou errado, bom ou ruim. Mas a avaliação se faz necessária.

Se o texto de Müller equilibra-se no fio da tradição, caminhando por ele e nele se entrelaçando, de repente parece sacudir-se, torcer-se, desviar-se. Nesse cenário, tentar ilustrar esse texto não parece ser uma solução. Uma aluna surpreende com uma imagem sintética e forte, muito interessante. A discussão da diferença entre imagem e cena é ventilada pelos alunos. Observa-se, contudo, que a investida se esvazia, uma vez que uma imagem construída e apresentada não deixa de ser uma cena.

Os alunos questionam muito, querem saber o porquê de tudo. Custam a entender que determinados aprendizados são uma busca pessoal e que não existe fórmula. O aluno está acostumado a receber explicações de maneira "didaticamente correta", se pensarmos em uma analogia ao "politicamente correto"; mas essa estratégia pode não trazer bons resultados em determinadas situações. Intriga-nos esse comportamento, mas reconhecemos que faz parte da inquietude do alunado pelo conhecimento. É a necessidade de classificar cada coisa para aplicar depois, procedimento que Bausch condena e deixa bem claro quando diz que a busca de uma discussão minuciosa de tudo tem por objetivo uma adaptação de suas ações a esses "modelos"[7]. Contudo, o atendimento a essa necessidade não produz transformações, e as coisas tendem a se repetir.

Heiner Müller é um autor muito político, e nos bastidores de seus textos acontece a luta de classes, a disputa pelo poder e a opressão; todavia, os alunos enxergam literalmente o que é

---

7. Apud R. Hoghe, *Bandoneón*, p. 15.

escrito por ele, e levam suas interpretações para uma conotação sexual-pornográfica exacerbada e para a criação de cenas grotescas, querendo dizer o que o texto diz de imediato para o leitor. Os alunos, em sua maioria, não percebem a sutileza que está por trás das construções literárias tão chocantes do autor. Contudo, embora pareça, Müller não é destrutivo, ele não encerra seu discurso em suas palavras escritas. Se retratarmos o sentido do trágico pelo próprio trágico, estaremos sendo caricatos. Antunes, por exemplo, é mencionado como um diretor que tem uma visão catastrófica das coisas; entretanto, é um otimista. Esse é também o caso de Peter Brook, cujo teatro reafirma que o ator não é maior que o espetáculo. Assim, constrói um *Hamlet* sem exageros, sem "poluição visual"; algo humano, uma forma de síntese que denota uma outra leitura associativa que nos remete a algo muito próximo de nós.

Depois da avaliação, nota-se que alguns se mostram ligeiramente ressentidos com os comentários, mas depois compreendem a necessidade da avaliação. Essa avaliação serviu bastante para a compreensão da sutileza que pedíamos nos exercícios de pergunta e resposta.

Sugerimos que os momentos anteriores à cena propriamente dita (ou seja, a preparação da cena) fossem incorporados à própria cena, pois eram momentos ricos em espontaneidade e que os alunos não estavam percebendo; essa observação serviu em parte para que eles compreendessem o que seria a espontaneidade pedida nas cenas.

09/09/2003
Um trabalho em processo abriga instabilidade e contradições que certamente não podem ser resolvidas de maneira lógica, "a ferro e fogo", mas podem ser administradas de maneira criativa. Uma vez que não existe o certo ou o errado, tudo pode ser aproveitado e redimensionado, dependendo da ideia do diretor-criador. Apesar do semblante inquisidor, sentimos que os alunos se lançaram à novidade.

Do texto de Heiner Müller, *Álbum de Família* – "Eu era Hamlet. Estava parado à beira-mar e falava BLÁ-BLÁ com a ressaca" tinha como pergunta associada: "Quer dizer um texto? Diga, mas nenhum texto conhecido".

A MATERIALIZAÇÃO DO PROCESSO DRAMATÚRGICO MEMORIAL   139

Propositadamente escolhemos uma pergunta para ser respondida com a voz, dado que para um ator é sempre mais fácil falar, mas não foi fácil tirar deles um texto próprio, já que estão acostumados a dizer textos de outros. Aos poucos, contudo, todos arriscaram uma resposta.

A segunda pergunta, "cumplicidade de casais", associada à passagem do texto que diz: "em cima do caixão o assassino trepou com a viúva", 99% dos alunos foram para o chão no momento de mostrar a cena; o primeiro usou esse recurso e quase todos, um após o outro, foram para o chão. Um sintoma de inibição e falta de um olhar na própria concepção. O processo indica que devemos sempre buscar ações originais; portanto, se um colega já usou determinado recurso, mesmo que já tenha pronta a minha resposta e que seja a mesma que acabou de ser utilizada, devo transformá-la, utilizando outro recurso. Nesse processo, a indicação é concentrar-se o máximo possível no pensamento à espera do *insight* que está para ser buscado nos momentos de criação.

No contexto bauschiano, gesto, ação e movimento têm significados particulares. Gestos referem-se ao que normalmente realizamos; gestos intencionais, expressando o pensamento pela mímica, convencionada através do tempo; o gesto pode ser mesmo imaginado. Um movimento seria, por exemplo: escrever seu nome com o próprio corpo, desenhando no espaço as letras, ou combinar um gestual, redimensionando-o no tempo e no espaço de forma ligada, sem tomar por base uma matriz gestual. Quanto à ação, pode ser um quadro, ou melhor, uma cena, tal como é realizada no teatro, com alguns detalhes a serem observados: não ser interpretada, ser sintética e espontânea, sem obedecer a convenções teatrais. Lembrando Stanislávski, o executante precisa "agir como um ser humano de verdade"; nesse aspecto, Bausch se encontra plenamente com ele. O difícil é encontrar uma medida adequada a esse agir como um ser humano de verdade. As conquistas do executante-criador vêm da experiência e da intensidade de entrega e sensibilidade empreendida na sua trajetória.

Os alunos não entendem muito bem as colocações, dado que nas artes cênicas existem outros conceitos de gesto, movimento e ação. Prevalece, na verdade, uma grande curiosidade com relação ao processo. Apesar de tudo, não se registra nenhuma "crise" entre eles e nós.

Uma discussão breve sobre interpretação, ressaltando o excesso de atuação. Quando o aluno-ator é orientado e mostra-se a ele que o que está fazendo não é o caminho adequado, aparecem as resistências. Reconhecemos que esta fase da orientação não é tão fácil. Antes de qualquer coisa, deve-se esquecer o "ego", o "narcisismo", tirar as máscaras numa entrega sincera, deixando as técnicas atuarem naturalmente no seu corpo.

Não ficamos decepcionados com o que nos foi apresentado. Aproveitamos para constatar que a compreensão sensível do indivíduo merece aprofundar suas raízes na educação muito antes do ingresso em uma universidade.

16/09/2003

Com a intenção de proporcionar aos alunos um conhecimento mais aprofundado sobre o candomblé, a professora trouxe uma pesquisadora e historiadora da área de estudos afro. Tivemos encontros interessantes. Observei, contudo, uma tendência ao estereótipo quando se trata dessa cultura em cena. Foi ventilado o aprendizado das danças dos orixás. Os alunos se entusiasmaram. Senti que se isso acontecesse (aulas de dança dos orixás) teríamos uma desvirtuação do processo, porque a busca no processo é via-estímulo à memória em uma instância remota.

17/09/2003

A continuidade dos exercícios técnicos tem o intuito de obter uma melhor soltura corporal dos alunos. A cobra – o estímulo musical ajuda na movimentação a partir da coluna; os alunos devem assimilar o ritmo e movimentar-se como cobras, sempre explorando as possibilidades do movimento. Trazer uma música como estímulo ajuda a encontrar uma movimentação rica. Percebemos que, embora o exercício seja difícil, os alunos esforçam-se por realizá-lo. Fazer o movimento da cobra sem ser mimético é difícil, mas mimetizar uma cobra também o é. O diálogo corpo-natureza é, nesse sentido, desafiante.

23/09/2003

Começamos a selecionar o material que nos era trazido pelos alunos. Entramos fortemente nos motivos do candomblé. Fizemos perguntas ligadas a vários aspectos humanos dos orixás, sem dizer a que orixá se referia o estímulo; cada um tinha que escolher com que aspecto se identificava.

Esperto e rápido: Oxóssi

Paciente e perseverante: Oxum maré

Gostar de exibir seu sofrimento: Obaluaê

Sensual: Oxum

Impulsividade: Ogum

Ser justo: Xangô

Digno de confiança: Oxalá

Audaciosa e poderosa: Iansã

Prestativo e interesseiro: Exu

Dignidade e gentileza: Nanã

Após a apresentação das cenas, revelamos o orixá de que se tratava em cada pergunta. Evitamos, assim, a caricatura, ou influência consciente do que cada um conhecia sobre tal orixá. Depois dessa etapa, cada um foi aprofundar seus conhecimentos sobre o orixá com o qual tinha se identificado, observando melhor a energia arquetípica de cada um deles.

14/10/2003

No teatro-dança [–] especificamente no processo bauschiano – ressalvamos que não é usual agregar textos já prontos. O texto deve nascer juntamente com a ação motivada pela pergunta. Uma preocupação, contudo, é verificada com relação ao texto a ser agregado. Percebo que em uma escola de teatro a "palavra" deve ter seu lugar ressaltado por conta de não se estar fazendo outra coisa que não seja teatro. Os alunos não estão conseguindo compreender o que estão dizendo, e essa é uma questão que merece atenção especial. Essa limitação não se deve à falta de orientação, mas à falta da percepção de cada um do que significa o conteúdo (interdiscurso) do texto. O corpo da fala não acompanha o próprio corpo do qual ela é parte.

Buscou-se uma coerência na dissonância verificada entre texto e ação; o ideal seria que fala e ação convivessem harmo-

142 A DRAMATURGIA DA MEMÓRIA NO TEATRO-DANÇA

nicamente ainda que em acordes dissonantes. Mas não era isso que estava acontecendo.

O exercício sugerido é ler, mastigar, perceber a estrutura do texto – uma estrutura de carta escrita –, brincar com a encenação, perceber o jogo de afetos quando Valmont[8] fala movido pelo poder, pela vaidade e luxúria. Um jogo furtivo nos diálogos que denota cinismo e poder. Um jogo movido pela conquista do sexo/revolução francesa/fantasia...

Achar o objetivo do texto, esclarecer o objetivo de cada frase, valorizar o verbo lembrando os ensinamentos de Stanislávski. Buscar o grande objetivo do texto, "A decadência da tradição", conflito de poder, injustiça, vaidades. Daí partir para um significado metafórico, mais amplo, dos conteúdos.

21/10/2003

São apresentadas ações que tiveram como estímulo as forças da natureza: água, fogo, vento, terra, aliadas ao candomblé, assim como a cores representativas dos orixás. Nesse estágio, as ações mostram-se mais sintéticas, não existe o exagero (elementos desnecessários) de antes – o que significa dizer que as avaliações críticas valeram a pena. As pessoas estão tentando trabalhar a síntese e a sutileza das suas ações. Nesse ponto, os resultados são visíveis – alguns trazem coisas mais criativas, outros, menos. Mas todos buscando a síntese: uma conquista importante, tecla batida fortemente desde o início das atividades.

28/10/2003

O texto precisa ir até o final. Encontrar o casual encaixe – texto que quebra a linearidade dramatúrgica. As palavras têm o objetivo maior que o próprio significado literal. O texto contemporâneo de Müller leva a uma direção que deve falar por si só. Os alunos não conseguem encontrar a medida certa entre ação e fala; quando falam, perdem o ritmo da ação. As leituras do texto continuam trabalhando a intenção de cada passagem, mas parece que eles não fixam o que é sugerido pela direção.

Novembro é o mês das amarrações de texto e ação; sentimos algumas dificuldades. Os alunos não assimilam o que é

8. Personagem de *Quarteto*.

A MATERIALIZAÇÃO DO PROCESSO DRAMATÚRGICO MEMORIAL 143

sugerido, alguns conseguem se aproximar, outros ignoram ou mesmo não se preocupam em entender o sugerido.

Uma vez que o texto está muito deficiente, trabalhar com ele é uma prioridade. O professor Felisberto Costa, que trabalha com interpretação de texto, é convidado para participar de uma aula e trazer sua colaboração. A aula é muito rica, o texto é dissecado e interpretado. Apesar da aula tão importante, os problemas ainda permanecem, e o fato de os alunos ainda "não terem decorado o texto" torna-se a desculpa para uma demora tão grande dessa compreensão.

Trabalhamos o candomblé; precisamente os arquétipos dos orixás, associando-os, criando metáforas e analogias com o texto de Müller. A experiência ofereceu elementos satisfatórios para a materialização da Dramaturgia da Memória. Os procedimentos aplicados e seus resultados deram-nos a convicção de que a experiência foi além do Estágio Pedagógico (PAE).

No dia 16 de dezembro de 2003, o espetáculo é finalmente levado à cena como Exercício Didático. O título: *Quarteto em Diagonal.*

Um nome e uma obra são lembrados e homenageados (*in memoriam*) em epígrafe no programa:

Esta escritura permeia outra narratividade apoiada nas associações, nas justaposições, na rede, numa não causalidade que altera o paradigma aristotélico da lógica de ações da fabulação do personagem, da linha dramática, da matização na construção de personagens.

Renato Cohen[9].

No texto do programa os alunos demonstram uma percepção "outra" da experiência conjunta, e o resultado é gratificante para todos.

Heiner Müller/Memória/Candomblé
Três pilares que sustentaram nosso processo de criação. Experiência construída a partir de nossas memórias [...].O desafio [...] dos atores [...] prontidão necessária para responder ao imprevisível,

---

9. *Work in Progress na Cena Contemporânea*, p. xxv .

△▽ Quarteto em Diagonal. ECA-USP, *1999. Foto: Bruno Freire.*
▽ Memória de Sangue e Fogo. *Folheto, 2005.*

A MATERIALIZAÇÃO DO PROCESSO DRAMATÚRGICO MEMORIAL   145

à não sequencialidade, à simultaneidade e à fusão proposta pelo *zeitgeist* [...][10].

PRÓLOGO DA DESCOBERTA DO SIMBÓLICO. MEMÓRIA DE SANGUE E FOGO: ESCRAVOS, REBELDES E QUILOMBOLAS

Este é o momento considerado mais importante desta pesquisa, uma vez que a experiência realizada contém elementos que contemplam e consolidam a Dramaturgia da Memória. Diríamos que é o momento em que pusemos em prática a tese propriamente dita, transformando-a em espetáculo, no qual:

O passado lembrado não é linear. A narração avança e recua sobre a linha do tempo, como que transbordando a finitude no espaço-temporal que é própria dos acontecimentos vividos. As lembranças abrem as portas para o que veio antes e depois. Uma recordação chama outra, compondo uma teia de rememorações mais ou menos singular, cuja textura se alinhava pela maneira como cada memorialista recolhe e amarra as imagens pregressas e busca sua significação[11].

O pensamento de ritos e mitos colocado no amplo campo da infinita imaginação criadora do participante é igualmente capaz de determinar ações físicas em consonância com as vibrações da memória mitológica da cultura afro-brasileira, favorecendo a afirmação e a construção de novas identidades.

A memória é a faculdade de representar o passado, o que nele foi aprendido e vivido. A aliança mito/rito na Dramaturgia da Memória é suscetível de numerosas propagações, podendo desabrochar nas imprevisíveis ações corporais segundo correlações entre as imagens mitológicas e rituais.

Segundo Bastide, toda religião se compõe da tradição de gestos estereotipados, que são os ritos, e de imagens mentais, que são os mitos[12]. Os mitos, entendidos como uma definição ou uma justificação dos gestos cerimoniais, efetivamente aparecem como

---

10. Este fragmento é parte de um texto maior do programa, uma reflexão conjunta minha e dos participantes.
11. F. Frochtengarten, op. cit., p. 374.
12. *As Religiões Africanas no Brasil*, p. 333.

146   A DRAMATURGIA DA MEMÓRIA NO TEATRO-DANÇA

um modelo que deve ser reproduzido, diz ele; a narração de um acontecimento passado, ocorrido na aurora do mundo, o qual é preciso ser repetido para que o mundo não acabe no nada. Para o autor, o mito não é um simples monólogo, é a ação oral, intimamente ligada à ação motora.

Os ritos estão contidos no "limitado" campo das possibilidades musculares várias no espaço que o corpo permite realizar, diz Bastide. Dessa forma, os mitos, diferentemente dos ritos, são livres para a ação quase infinita da imaginação criadora; susceptíveis de numerosas proliferações, que podem dar lugar às imprevisíveis "flores dos sonhos".

O direcionamento dado igualmente aos ritos e mitos na Dramaturgia da Memória não limita, mas leva o corpo do criador-executante a uma proliferação de sentidos mobilizados no amplo campo da imaginação criadora. Nessa mobilização, os ritos não são apenas "gestos estereotipados" de uma religião. Os ritos, no contexto proposto, estão abertos ao extenso campo das possibilidades musculares e de suas associações. A Dramaturgia da Memória reelabora um passado que não está reduzido à "idolatria irrefletida que apoiaria projeções de um futuro utópico"[13]; faz-se referência a um passado inspirador para iniciativas na arte e na vida do participante.

A multiplicidade de ações provocadas pela Dramaturgia da Memória que se experimenta, mobiliza os ritos, tornando o espaço das relações cotidianas um estreito espaço de relações (os preceitos religiosos do dia-a-dia nos terreiros, dentre outros costumes).

Num primeiro momento, sabe-se, os movimentos originam-se das próprias "raízes da personalidade"[14] de cada um. Essas raízes criam expressões características que se tornam visíveis na ação corporal. Essas expressões são enriquecidas pelo esforço através de vários "fatores do movimento"[15]. Os componentes constituintes das diferentes qualidades de esforço são resultantes da atitude interior. Conforme o modo de se combinarem, as expressões produzem graduações particulares de ações. Essas ações, por sua vez, processam-se com riqueza de imaginação no momento de

13. F. Frochtengarten, op. cit., p. 368.
14. R. Laban, *O Domínio do Movimento*, p. 112.
15. Alguns fatores do movimento, segundo Laban: Peso; Tempo; Espaço; Fluência.

A MATERIALIZAÇÃO DO PROCESSO DRAMATÚRGICO MEMORIAL 147

criação, aprimorando a expressão múltipla de movimentos. O relatório sobre o trabalho "Memória, Sangue e Fogo" traz, como se verá adiante, claros exemplos dessa relação traçada.

O corpo-mente humano normalmente produz uma multiplicidade de qualidades diferentes de ações. As diferentes ações que surgem por meio dos estímulos são, assim, simbolizações elaboradas e aliadas de rituais ancestrais.

Ritos e mitos na Dramaturgia da Memória são igualmente capazes de deliberar ações rituais em consonância com as vibrações da memória mitológica, uma vez que

[o] homem se expressa e comunica algo do seu interior. Tem ele a faculdade de tomar consciência dos padrões que seus impulsos criam e de aprender a desenvolvê-los, remodelá-los e usá-los. [...] O ator, o bailarino e o mímico, cujo trabalho é o de apresentar pensamentos, sentimentos/sensações e experiências, de modo conciso, através de ações corporais[16].

Bastide fala do empobrecimento dos mitos africanos, por falta de pontos de referências para ligar as lembranças[17]. Assim, sem achar que podemos corrigir falhas, pretendemos resgatar o que dessa herança africana ainda permanece em nossas memórias de brasileiros afro-descendentes ou interessados na cosmologia dessa cultura.

Notamos, neste tempo decorrido de experiências práticas, que somos capazes de manter, por meio da Dramaturgia da Memória, um diálogo vivo com nossas memórias ancestral e cultural.

Dentre outras perspectivas, observamos uma construção de identidades distante da marca dos estereótipos criados pelo olhar do outro. Tentamos também evitar a experiência da repetição de ações de rituais sagrados em cena. Trata-se de uma atitude de autorrevelação de uma originalidade sem "folclorizar"[18]. "O enraizamento pressupõe revelações de originalidade de seus partícipes. É por meio da aparição diante do outro que os homens desenham

16. R. Laban, op. cit., p. 112.
17. Op. cit., p. 336.
18. Neste ponto, "não" estamos colocando o folclore como uma coisa menor, apenas como uma forma de expressão distinta, mas que no fundo não é totalmente oposta à Dramaturgia da Memória.

148   A DRAMATURGIA DA MEMÓRIA NO TEATRO-DANÇA

sua identidade pessoal." Ressalta-se: não é na sua forma de entidade divina que pretendemos trazer à tona, da cena, essa memória – assim como não podemos afirmar que somos brasileiros apenas porque dançamos o samba, mas sim porque temos uma história de brasileiros em nossas memórias.

Dentre outros aspectos, vemos o candomblé como uma verdadeira e revolucionária fonte do imaginário, como diz Bastide, em que se pode encontrar uma pluralidade de elementos para a ação que funda e alimenta o corpo e a imaginação do participante[19]. A ação corresponde, nessa medida, a algo inédito, singular, em que o homem se revela aos outros por meio de ações que demonstram seu enraizamento, assegurando e demonstrando, pelo exercício expressivo que proporciona, uma abertura para novas fundações.

Não estamos tratando, portanto, de utilizar uma cultura e tradição imitando danças e costumes rituais (o que pode ser feito por outros), mas identificando a autêntica ressonância em cada um, expressando espontaneamente conteúdos de memória. Assim, encontramos a nossa identidade a ser significada, tendo a consciência de que as ações que realizamos são, elas mesmas, as nossas histórias de seres humanos. A memória ancestral é uma memória criativa por natureza, visto que é mais criadora que repetitiva[20]: não está no âmbito da reprodução palavra por palavra, mas na possibilidade de ações que o imaginário propõe ao "corpo total" do criador-executante.

A OFICINA I DE TEATRO-DANÇA – A DRAMATURGIA DA MEMÓRIA

A oficina de número um de Dramaturgia da Memória fez parte da pesquisa prática deste livro inserida no Projeto Memória de Sangue e Fogo: Escravos, Rebeldes, Quilombolas. Essa prática de teatro-dança foi construída na inter-relação com a pesquisa para a elaboração do roteiro-base. Teve a duração prevista de cem horas/aula de oficina, além de cinquenta horas de ensaios

19. Op. cit.
20. J. Le Goff, *História e Memória.*

preparativos para a apresentação dos resultados. O total de vagas oferecidas foi de 25, atingindo as inscrições o número limite máximo de pessoas.

Seu período de realização foi entre 05 de agosto e 29 de outubro de 2005. Foram realizados dois encontros de entrevista e seleção do grupo de candidatos à oficina (5 e 6 de agosto). A mobilização e a seleção tiveram continuidade na semana de 8 a 12 de agosto, tanto por meio de correspondência enviada às organizações da sociedade civil contatadas, como por divulgação na imprensa.

A seguir, apresento o registro das ações realizadas nos encontros da Oficina, ministrada por mim e resultante da reflexão conjunta dos proponentes do projeto. As oficinas aconteceram aos sábados, nos meses de agosto, setembro e outubro, com uma carga horária de oito horas por encontro.

Dia 13 de agosto de 2005, primeiro encontro.
Atividades:

Apresentação nossa e dos participantes, que foram convidados a falar sobre suas expectativas em relação à temática da oficina, sobre seus sentimentos de identificação com a proposta e, resumidamente, sobre suas histórias de vida.

Foram exibidos dois vídeos. O primeiro, sobre um trabalho de Teatro-Dança já realizado pelo grupo e denominado *Mulheres dos Deuses*, mostrando a trajetória dos pesquisadores, alguns dos trabalhos realizados anteriormente, permitindo uma explicitação das intenções com a oficina proposta em torno da recuperação da memória da luta pela liberdade dos negros. O segundo foi *O Negro e a Igreja Católica*, um documentário em DVD baseado em trabalho de campo do mestre Guilherme dos Santos Barbosa, de 1991.

Avaliação:

Os participantes formaram um público bastante diversificado e consensualmente interessado na temática da liberdade. Na sua maioria afro-descendentes, alguns estavam interessados em se integrar e outros já estavam ligados a entidades do culto afro-brasileiro como a Casa da mãe Joana Três Estrelas, Mãe Dango e Baba Tology (principais terreiros de Campinas). O grupo foi

△ Cartaz de apresentação do espetáculo As Mulheres dos Deuses, 1999.
▷▷ As Mulheres dos Deuses. Projeto Alforria, 1999. Fotos: Gildo Lima.

152 A DRAMATURGIA DA MEMÓRIA NO TEATRO-DANÇA

formado por estudantes e pesquisadores ligados à Unicamp – antropologia e educação –, por integrantes de centros comunitários como o grupo Tainá, professores de escolas públicas (Culto à Ciência, CAIC), atores formados em artes cênicas (pela Unicamp e pelo Conservatório Carlos Gomes de Campinas), jovens em formação interessados na prática da teatro-dança, além de profissionais diversos, desde pedreiros a psicólogos. Aconteceu também uma articulação com o grupo Tarahumara, que, além de participar da oficina, possibilitou a utilização de espaço na ACI – Associação Campineira de Imprensa.

Constatou-se um dado muito importante a respeito deste público: era formado, em grande parte, de multiplicadores – fato que nos trouxe a grande satisfação de poder esperar pela disseminação desse trabalho em várias direções.

Dia 20 de agosto de 2005
Atividades:
Exibição do vídeo *O Atlântico Negro – na Rota dos Orixás*, com a finalidade de mobilizar discussões sobre as identidades dos participantes. O vídeo tem a direção de Renato Barbieri, com o apoio do MINC e do Instituto Itaú Cultural. Seu uso pretende deflagrar, aprofundar a consciência das relações com a África entre os negros brasileiros. "Viagem no espaço e no tempo em busca das raízes africanas da cultura brasileira. Visita ao Benin, na África, onde estão raízes da cultura Jeje-nagô", segundo texto de apresentação do vídeo.

Aquecimento corporal; dança afro contemporânea. Dinâmica de grupo.

Exercícios de sensibilização e mobilizadores da Dramaturgia da Memória. Ex.: percorrer o espaço, e observar detalhes que chamam a atenção para si e lhe tragam lembranças. Encontrar um companheiro que não o conheça e contar a ele uma história que faz parte de sua vida, uma parte provocada pela lembrança do exercício anterior. Esse exercício deve ser realizado verbalmente e por meio da ação corporal.

Avaliação:
A projeção dos vídeos faz parte do conteúdo programático da oficina em todos os encontros. Como um primeiro momento

A MATERIALIZAÇÃO DO PROCESSO DRAMATÚRGICO MEMORIAL 153

de mobilização da memória visual e intelectual trouxe um efeito importante para as ações seguintes. As pessoas começam os trabalhos práticos mobilizadas por uma reflexão sobre sua própria condição, e produz-se a desmistificação de uma cultura que faz parte da raiz de muitos brasileiros.

Nesse primeiro momento, o material (ações) apresentado pelos participantes constitui-se de uma memória de vivências ligadas à condição dos afro-descendentes e a suas experiências, principalmente as de discriminação.

Dia 27 de agosto de 2005
Atividades:
Projeção do vídeo *Eu Vi Boa Morte Sorrir*, realizado pela TVE–IRDEB sob direção de Ângela Machado, sobre a Irmandade de Nossa Senhora da Boa Morte de Cachoeira. "Fundada em Salvador por escravos, suas participantes acreditavam que, depois da morte, o espírito iria se juntar ao dos ancestrais na África. Em 1823, a irmandade emigra para Cachoeira", segundo texto de divulgação do vídeo.

Aquecimento corporal; dança afro-contemporânea.

Leitura e interpretação dos textos de Galeano, conteúdo propulsor; um dos principais focos do roteiro. Após leitura e interpretação, houve um levantamento de palavras-chave:

Texto de número I: Ocultar a história/ Os que vencem/ Mentirá / Mansos e resignados/ Os escravos negros do Brasil.

Texto de número II: Ardem fogos na terra e nos peitos/ Repicam os tambores/ Invocam os velhos deuses/ Terra de exílio/ Devolvendo-lhes, Intacta, a vida quebrada.

Texto de número III: O corpo não sabe/ A alma é a que mais sabe/ O negro que se mata na América/ Ressuscita na África.

Avaliação:
Verificamos que algumas ações estavam trazendo uma história do negro de uma forma estereotipada, caricatural, como o chicotear dos feitores, o pelourinho, ou seja, uma memória já escrita e batida por muitos. Pedimos então que a memória trazida para as ações fosse uma visão que demonstrasse a maneira de a pessoa tomar aquele estímulo e criar o seu quadro

com uma expressividade que transcendesse esses estereótipos, vivendo o presente. A resposta dos participantes foi, em boa parte, surpreendente.

Cada participante escolheu a palavra-chave ou texto que queria interpretar. Cada um construiu sua interpretação daquilo que julgou importante do seu ponto de vista.

EXEMPLOS DE AÇÕES DA MEMÓRIA MATERIALIZADAS EM CENA

Luanda escolheu as palavras-chave "Ocultar a História"; ela apresentou uma cena com uma bacia de água na qual lavava o rosto, os braços e mãos e cantava *Éró mi babá côjáadê éró babá mi xéró*, canto a Oxalá, orixá que representa o pai no culto ancestral do candomblé. Ao final, ela dizia em português: "o meu pai me contou um segredo que não pode sair de casa". Analisando esse quadro, observamos que a participante, ao mesmo tempo em que realizou uma cena poeticamente dramatizada com princípio, meio e fim, trouxe uma memória da sua ancestralidade, assim como teve o seu ponto de vista, com relação às palavras-chave, plenamente contemplado. No limite do consciente/inconsciente, ela trouxe símbolos lidos como sendo de resistência: o candomblé; a importância dos elementos da natureza no ritual, no caso, a água; a língua Yorubá e o fechamento com a frase em português, dizendo que o seu pai havia lhe contado um segredo que não podia sair de casa, como uma outra maneira de "ocultar a história" de "um segredo que não pode sair de casa", assim simbolizado em nossa leitura.

Como um movimento de preservar as tradições para resistir à destruição da própria história dos negros e das suas raízes, Carol elaborou, em movimentos bem peculiares, seu nascimento em uma "imaginada" aldeia da África, quadro que faz parte da abertura do trabalho.

Observe-se que, quando falamos em interpretação, fazemos uma leitura pelo pensamento (memória) do sentido do tema-estímulo; após esse procedimento, cada participante transmite seu ponto de vista por meio de ações físicas, procurando associar os movimentos às suas vivências. As pessoas responderam obedecendo à orientação do processo, que visa justamente à eliminação de caricaturas. Esse fato aqui remarcado consta em vários momentos deste trabalho, porque é um diferencial no que tange a este processo.

Dia 3 de setembro de 2005
Atividades:
Projeção do vídeo *A Festa da Boa Morte*, realizado pela TVE-IRDEB, sob a direção de Marcelo Fonseca e Raimundo Chagas, que completa as informações do vídeo anterior sobre a Irmandade da Boa Morte em Cachoeira, Bahia, irmandade cujas atividades estão mescladas com os cultos dos antepassados ligados às raízes africanas de suas participantes. O vídeo registra os rituais religiosos da festa, mostrando também a sua parte profana. Culmina com a missa solene e a procissão da ressurreição.

Aquecimento, dança afro-contemporânea.

Dramaturgia da Memória, exercícios-estímulos.

Lembrar de gestos típicos de cada um e de alguém que já viu.

Lançamento de perguntas levantadas do roteiro histórico:

"Um sino chamado Baía"; para onde ele o leva, o que lembra, o que lhe inspira...?

"O olhar das crianças" (foto emblemática do projeto): o participante deveria contar uma história, cujo final seria a "recodificação intertextual", partindo da fotografia, criar uma cena viva dessa foto.

"Os caifazes", quem são? O que fez, "João Barbeiro, o Zumbi de Campinas"?

Avaliação:

A cada dia, as pessoas perceberam mais a intenção da Dramaturgia da Memória a partir de seu corpo e de suas lembranças como instrumentos de expressão de sentimentos. No desenrolar das apresentações dos participantes, são vários os exemplos de afloramento da memória ancestral. Elisabete, dentre vários outros quadros interessantes e conscientes de uma história e de um papel na sociedade, apresentou uma cena em que associa o próprio "sino da Catedral de Campinas, chamado Baía, ao *adjá* em um contexto atual, o pequeno sino que chama e saúda os orixás no ritual do candomblé".

Dia 10 de setembro de 2005
Atividades:
Projeção do vídeo *Gaiaku Luiza, Força e Magia dos Voduns*, usado como fonte de pesquisa para mostrar uma sacerdotisa de Cachoeira na Bahia, cidade onde subsiste a irmandade da Boa Morte, sincretizada com a cultura *Jeje*. A Irmandade foi criada, primeiramente, em Salvador, na Igreja da Barroquinha; desta, saem o Terreiro da Casa Branca e os demais terreiros do culto *Jeje-nagô*. O vídeo alterna depoimentos e imagens atuais com outras de arquivo, incluindo imagens do Benin, mostrando um pouco da cultura do povo *fon* (como os *Jeje* são conhecidos por lá). Sua exibição retoma a discussão sobre Cachoeira, polo afrorreligioso no interior, sede atual da Irmandade de N. Sra. da Boa Morte, já apresentada em vídeo anterior. A cidade conta com uma série de terreiros de candomblé, muitos deles no Alto do Caquende, onde está também o terreiro de Luiza.

Aquecimento corporal; dança afro-contemporânea.

Voltamos ao sino. Ramon relatou a história detalhada do "sino Baía" e de outros acontecimentos da história do negro em Campinas. Levantamos perguntas-estímulo seguidas de questionamentos complementares e esclarecedores de como respondê-las e materializá-las, como exercício de procedimento metodológico em relação ao processo de mobilização da Dramaturgia da Memória:

a. Como posso transformar isto (o estímulo)? Por meio de ações físicas que são a memória dos mecanismos motores que envolvem movimentos de gestos, canto, fala, traduzindo uma ação encadeada com princípio, meio e fim do meu pensamento interior.

b. Onde busco? Após um mergulho em si mesmo (sua memória pessoal e/ou universal). Trazendo para o presente-agora, levando em consideração um ponto de vista pessoal.

c. Por quê? Estou mobilizado interiormente (por meio de estímulos videográficos, discussões e reflexões sobre uma

A MATERIALIZAÇÃO DO PROCESSO DRAMATÚRGICO MEMORIAL 157

pesquisa histórica centrada nessa temática) e quero expressar o que penso.

d. Aonde me leva isso? Leva-me a associações remotas longe do óbvio; requer a "originalidade" de cada indivíduo, aquilo que é sua cultura e ancestralidade com a particularidade de cada um a ser expressa.

e. O que me lembra? Algo vivido ou imaginado.

f. O que me inspira? Partindo dos textos de Eduardo Galeano, buscou-se traduzir, em manifestação cênica, uma síntese poética daquilo a que me remetem as palavras-chave levantadas na pesquisa histórica como:

Descoberta, Liberdade, Estagnação, Dificuldade, Imposição, Aceitar, Conhecimento, Aprendizado, Resgatar, Debater, Quebrar, Identificar, Resistência, Sobrevivência, Lamentos, Silêncio, Omissão, Acorrentar, Tempo, Mentira, Luta, Falsidade, Contra-dominação, Conceito.

Avaliação:

Essas palavras-chave vieram de situações do conteúdo discutido e levantado na pesquisa histórica. Após reflexão de todos, tiramos palavras-chave que poderiam resumir parte das situações do roteiro histórico pesquisado. Todos os participantes puderam materializar fragmentos de um passado atualizado no presente em histórias vividas, gestos, cantos, palavras.

OUTROS EXEMPLOS DE AÇÕES MEMORIAIS

Elisabete trouxe, com a palavra-chave "conceito", a história de sua avó Ditinha. A patroa dela pede-lhe uma menina para trabalhar com sua cunhada; quando a menina chega, a mulher pensa elogiá-la com a frase "bonitinha, limpinha; pretinha, mas de alma branca". Noélia, com a palavra-chave "descoberta", mostra a retomada da sua religiosidade ancestral sentida no corpo após ter vivido a imposição de outra religião. Elisabete, com a palavra-chave "imposição", realizou o quadro: "Precisa-se de moças de boa aparência", trabalhando o estereótipo (apenas como uma citação, dentro de um ponto de vista) refe-

158   A DRAMATURGIA DA MEMÓRIA NO TEATRO-DANÇA

rente aos traços da raça negra e o seu resultado em termos de exclusão do mercado de trabalho. Esses exemplos destacam-se dentre vários outros momentos significativos.

17 DE SETEMBRO – CAMINHADA NEGRO E MEMÓRIA: IDENTIFICAÇÃO E RESGATE

A caminhada foi realizada em conjunto com o Museu da Cidade (Muci), em parceria articulada desde 2004 com a sua então diretora Adriana Barão, que desenvolve um projeto de Caminhadas Históricas. Esta foi dirigida especificamente à memória do negro, e o projeto Memória de Sangue e Fogo dispôs o roteiro aos pesquisadores do museu, que ofereceram seu apoio técnico.

A caminhada aconteceu no dia 17 de setembro de 2005. Foi programada como parte do projeto Memória de Sangue e Fogo, como atividade necessária à Oficina Cultural em desenvolvimento conjuntamente com as Oficinas Culturais da Região Metropolitana de Campinas da Secretaria de Estado de Cultura de São Paulo. A sua finalidade era, de um lado, ser semente de uma análise permanente da presença dos negros na cidade, permitindo que cada um dos participantes reencontrasse a sua memória numa atividade de releitura do mundo e de si.

De outro lado, como parte da Oficina I do projeto Memória de Sangue e Fogo, deveria articular e consubstanciar as discussões do grupo em curso na Oficina, a partir da leitura de textos, da exibição de vídeos e da presença de convidados (depoentes). Tudo ligado às atividades práticas com o corpo e a mente que organizam a Dramaturgia da Memória, com a finalidade de fazer sair das sombras a memória dos gestos e movimentos no trabalho de Teatro-Dança. A caminhada deveria possibilitar, portanto, a visualização da presença de fatos, personagens, momentos da vida de Campinas – das esquinas, das ruas, das praças, das velhas igrejas, dos caminhos. A intenção era "mudar o olhar". Pretendia-se refazer, também, o próprio caminho percorrido pelos proponentes do projeto, na sua descoberta de Campinas.

Durante a caminhada, visitou-se a antiga estação da estrada de ferro, por onde entravam e saíam escravos e mercadorias; as ruas do centro, onde se comemorou a abolição – os negros saíram por elas em passeata no 13 de maio; a Catedral, construída pelos escravos – com suas obras de entalhe e o sino Baía. O trabalho de talha em madeira foi realizado por um escultor baiano, negro liberto, Vitoriano dos Anjos, trazido para trabalhar em Campinas pelo empreiteiro Antonio Francisco Guimarães, que morou e construiu igrejas na Bahia. Ele também foi o doador do sino que, por sua causa, foi denominado Baía, e marca o tempo da cidade desde o século XIX.

Em seguida, visitou-se a praça do Rosário, antigo local de encontro dos negros, antes e depois da demolição da igreja de N. Sra. do Rosário dos Negros – analisamos fotos das etapas do apagamento, o corte das árvores e a demolição da igreja. A praça era o lugar "onde todos se reuniam para dançar".

Depois fomos à praça Carlos Gomes, lugar de homenagem a Carlos Gomes que antigamente era um lixão de dejetos e, após sua reforma, foi transformada em local de desfile dos mais ricos, onde os negros somente podiam circular pelo lado de fora.

Em progresso, a caminhada chegou ao Centro de Convivência Cultural onde foi realizada uma homenagem a Tia Nice, idealizadora do Museu do Negro e "guardiã da memória" do negro na cidade e vendedora de acarajé e comida de azeite na Feira de Arte e Artesanato, no Cambuí. Cabe aqui ressaltar que o Museu do Negro foi um dos primeiros parceiros do projeto. Um depoimento de Tia Nice gravado em vídeo já havia sido analisado pelo grupo.

Por fim, a última visita foi à capela de Nossa Senhora da Boa Morte, símbolo do ciclo vida-morte-vida. Na Bahia, como vimos, objeto de um culto especial na cidade de Cachoeira, lócus da vida de Guaiaku Luiza.

Foram parceiros da caminhada, e seus narradores, Adriana Barão e Américo, historiadores do Museu da Cidade. Contamos ainda com a presença e a participação do Pai Moacyr d`Xangô (Moacyr Barra Grande Filho, Presidente do Conselho Municipal de Desenvolvimento e Participação da Comunidade Negra de Campinas) e de Maurílio Silva, um dos coordenadores do Museu do Negro.

Dia 24 de Setembro – Avaliação: "Eu Não Sabia".

Atividades:

A principal atividade desenvolvida foi a discussão sobre a caminhada e as descobertas durante o percurso – de certo modo, a materialização das provocações feitas nos diversos encontros da oficina e as respostas dadas a elas. O trabalho representou uma avaliação não apenas da caminhada em si, mas do processo vivido até o momento, com a explicitação das descobertas. A atividade estendeu-se por todo o dia, na duração da oficina.

Avaliação:

A essa altura do processo, desenvolvíamos, durante os encontros, várias discussões, momentos em que cada um expressava seu ponto de vista em relação aos temas da pesquisa. O importante foi verificar a transformação de várias pessoas com respeito à maneira de se ver perante a sua própria história em encontros consigo mesmo. A autoestima aflorada por uma avaliação "diagnóstica" é reveladora de possibilidades de crescimento, porque o participante sente-se e vê-se "apropriado" de sentimentos em que seu ponto de vista é valorizado e direcionado para uma história na qual fica explícita a seguinte constatação: "consegui dizer o que sou e penso da minha história como ser humano-cidadão-criador".

Nesse período, já se havia ouvido, visto e recolhido fragmentos de um passado tornado presente para cada um dos participantes. Seguiu-se a construção individual de quadros – cada participante propôs o seu – amadurecida por mais discussões sobre o conteúdo temático e pela escolha e fixação de momentos, também individuais, da construção da memória de cada um deles.

A avaliação levou à compreensão do encerramento de uma etapa da Oficina e do início da construção do que vai ser mostrado como resultado. A partir dessas reflexões, fica decidido o que vai ser feito daí por diante.

No período entre 1º e 22 de outubro, teve lugar a seleção de ações com vistas à composição do trabalho, retomando e revisando os quadros identificados a partir das propostas dos participantes da oficina. A revisão desses quadros teve como finalidade compor o espetáculo, costurando e juntando uma cena

A MATERIALIZAÇÃO DO PROCESSO DRAMATÚRGICO MEMORIAL 161

a outra. Iniciamos a construção do roteiro cênico da "descoberta do simbólico" a partir do roteiro preliminar de perguntas e respostas. Essa "descoberta" foi também denominada "Prólogo", por entender que era apenas o início do trabalho com a Memória de Sangue e Fogo, tendo em vista a determinação de dar continuidade ao trabalho.

Nesse período, o grupo recebeu uma visita de Alessandra Ribeiro, que levou ao grupo um Abraço Negro do Jongo Dito Ribeiro. A partir dessa visita, decidiu-se efetivar um convite a Alessandra para participar, como convidada, da apresentação pública dos trabalhos, como homenagem à comunidade de Jongo.

Estivemos voltados para a realização da reconstrução do passado dos elementos (fragmentos importantes) aportados pelos participantes, permitindo um alargamento poético para fim de sua montagem em "espetáculo", por nós sempre entendida como uma mostra, melhor dizendo, como um espetáculo "em processo".

Avaliação:
Havia chegado o momento de imprimir uma concepção de roteiro ao trabalho, o que, diga-se de passagem, não é uma tarefa tão fácil, já que esse roteiro tinha que estar de acordo com o roteiro histórico pré-concebido; contudo, não deveria obedecer a uma narrativa linear, mas trabalhar uma projeção-narrativa simbólica da memória emersa das sombras, com o cuidado de valorizar os fragmentos-matrizes que cada um dos participantes trazia, de forma que o trabalho correspondesse ou contemplasse o fortalecimento e a construção de identidades. Fizemos, junto com os participantes, uma reflexão detalhada sobre todo o trabalho realizado até então.

Do dia 28 de outubro até o dia 13 de novembro, preparou-se e ensaiou-se a apresentação pública do resultado da oficina. Decidiu-se realizar a apresentação em espaço adequado, com roteiro musical, iluminação e público, diante de convite ao trabalho para ser apresentado no dia 13 de novembro, como parte das comemorações do Mês de Consciência Negra em Campinas. A apresentação repetiu-se no dia 14 de dezembro de 2005, no mesmo local.

162 A DRAMATURGIA DA MEMÓRIA NO TEATRO-DANÇA

A Continuidade – Dia 13 de Novembro de 2005.

A apresentação pública do trabalho deu-se, assim, no Teatro do Centro Cultural Evolução, e significou não apenas o encerramento da oficina como também a participação na Programação do Mês da Consciência Negra, em homenagem a Zumbi de Palmares. A apresentação foi denominada Descoberta do Simbólico e, além dela, o projeto colaborou com a programação trazendo o vídeo *Guaiaku Luiza, Força e Magia dos Voduns* para exibição e debate. A exibição foi seguida de conferência e debate com o professor Reginaldo Prandi, sobre o sentido do sacrifício nas religiões afro-brasileiras.

ROTEIRO DA APRESENTAÇÃO PÚBLICA DO RESULTADO DA OFICINA I

1. Abertura. Sala no escuro. Música: Teotônio e Bomba, item 3 do Cd *Batuques do Sudeste*. Documentos sonoros brasileiros, acervo Cachuera. Coleção Itaú Cultural. A intenção, ao apresentar a música – e o depoimento que segue a ela –, é provocar a memória de Campinas sobre a presença do negro na região. Campinas como espaço de escravidão. A mão dupla: castigos e mandingas.

(Rei Domingos) "A minha vó contava que… num sei em que lugá aí; é aqui da banda de Campina. Porque era aqui da banda de Campina que judiavam muito dos negro, compreende? Os escravos. Eles trouxeram um escravo, num sei de que lugá lá da África, e surravam… Botava no tronco, ficava co´a bunda pra cima assim… Surrava, né. Diz que o nego que veio da África colocaro ele no tronco, quando derrubaro o couro nele… nele ali no tronco, a patroa tava berrando dentro da casa dela… Ele num sufria a dor. A dor era a muié que tava sofreno lá. Eu num sei o que é aquilo…" (Domingos Arruda, Rei do Batuque Tietê. 103 Anos Gravação Cachuera!).

2. O tempo. O despertar numa aldeia. Cena construída por Carol, desde a posição de semente/ovo. O princípio, o fundamento, a cerimônia, o sagrado aludido. O duplo sentido de nascimento. O movimento circular: Dia/noite, vivos/mortos. Kalunga: morre aqui, nasce ali.

A MATERIALIZAÇÃO DO PROCESSO DRAMATÚRGICO MEMORIAL   163

3. Texto de Galeano – Palco no escuro, foco de luz no narrador – "Muito terá que ocultar a História, dama de véus rosados, beijadora dos que vencem. Bancará a distraída ou ficará doente de fingida amnésia. Mentirá que foram mansos e resignados talvez até felizes os escravos negros do Brasil". Reação à denominação de mansos e resignados.

4. O sino Baía. Toque como fundo. Campinas como espaço-território negro. A busca e a descoberta da presença na cidade e dos personagens da história (Antonio Bento, Os Caifazes, Mestre Inácio, João Barbeiro...). O sino Baía presente na lembrança campineira. A catedral, o santeiro e a relação Bahia Campinas.

5. A descoberta (a força da cor) nos corpos. Gestos, pés, mãos, braços, toques, movimentos, transe e axé...

6. A descoberta da ancestralidade. O passado revisitado, metaforizado – Solo de Luanda sobre a lenda de "EUÁ", de quem é filha.

7. O ritual "O meu pai me contou um segredo, que não deve sair de casa". *Erô mi babá côjáadê éré babá mi xórô.*

8. As forças da natureza cultuadas na religião do candomblé em uma simbologia alusiva; água: purificação, canto, segredo, a oferenda. Solo e grupo. Cortejo de saída usa gestos e toques de ijexá para afoxé.

9. Carol. Novo solo. Interagindo com as descobertas. Um novo olhar sobre si e para o mundo.

10. O grupo e a descoberta: "Eu não sabia". A explicitação: "tenho orgulho de ser negro".

11. Solo Noélia. A comunhão. Conflito entre iniciação no catolicismo e o chamado da ancestralidade. A nova conversão: OXUM. O toque do *adjá* pontua e reforça o chamado.

12. Bete. Memórias de discriminação da menina negra. "Conta pra eles, Ditinha". Dois episódios: 1. "Traz uma menina negra pra trabalhar para mim – bonitinha, limpinha. Preta de alma branca." 2. " Precisa-se de moças de boa aparência" – "Deixe o seu currículo"...

13. A resistência à discriminação: a homenagem à beleza da mulher negra. Música e elementos visuais do Bloco Afro Ylê Aiyé. "Seus olhos brilham de felicidade".

164   A DRAMATURGIA DA MEMÓRIA NO TEATRO-DANÇA

14. Recompondo a fotografia. Os meninos negros; seu olhar, a dívida e a cobrança da reparação. O recomeço. Texto 2 de Galeano. "Pela liberdade, morrem aqui, renascem ali". Ou renascem aqui.

15. O Jongo como símbolo. Todo o elenco dança (em uníssono): "Quem foi que disse, quem te falou que em Campinas não havia jongueiro?"; A Memória é da dor e também da alegria. A fala da jongueira: Alessandra Ribeiro – "Nunca é tarde para procurarmos as nossas raízes". A presença do Jongo no trabalho e na apresentação dos resultados da oficina na qualidade de convidados especiais, e depois do final, na recepção aos convidados, como uma homenagem à comunidade Dito Ribeiro.

Tempo total da apresentação – 50 minutos.

Roteiro musical.

1. Teotônio e Bomba. Música: Teotônio e Bomba, item 3 do Cd *Batuques do Sudeste*. Documentos sonoros brasileiros, acervo Cachuera. Coleção Itaú Cultural.

2. Louis 2000. La Prière. Frikyiwa – La musique des maquis. Bon Coin – Frikyiwa.

3. Incelença de Roupa. Amazônica – Camerata Cantione Antiqua-&Angaatãnàmú. Diretor Musical – Miguel Kertsman.

4. Curumim – Naná Vasconcelos – *Minha Lôa*.

5. Don's rollerskates remix – Naná Vasconcelos – *Minha Lôa*.

6. Cortinas – Naná Vasconcelos – *Contando Estórias*.

7. Teatro do Descobrimento.

8. Minha Beleza Negra – Ilê Aiyé.

9. Zap Mama.

10. Pontos de Jongo. Alessandra Ribeiro, do Jongo Dito Ribeiro.

6. Algumas Considerações. Resultados Finais

As atividades desenvolvidas no projeto Memórias de Sangue e Fogo foram realizadas em dois grandes momentos:

MOMENTO 1. Conhecimentos prévios necessários ao trabalho – "fazendo a cabeça", desvelando Campinas. A exibição de vídeos para discussão sobre cultura negra. Os vídeos tinham como finalidade a mobilização. Os contatos e as entrevistas, a pesquisa. Descobrindo a Campinas Negra.

MOMENTO 2. A construção conjunta do novo conhecimento – a outra cabeça, a outra memória. A memória do corpo. A montagem do roteiro e a realização da oficina I. A organização dos resultados.

EXPLICITANDO METODOLOGIA E PROCEDIMENTOS

O trabalho pautou-se por alguns princípios: busca do contemporâneo. Nem "folklore", nem gestos estereotipados. O sagrado não vai ao palco. O saber está em cada um. Todos os homens são filósofos. Todo homem é produtor de cultura.

A análise do desenvolvimento desses dois momentos possibilitou-nos entender o processo de construção de conhecimento embutido no trabalho e o processo pedagógico interativo entre grupo de produção e grupo de atores-participantes. Foi mais ou menos o seguinte o resultado das reflexões feitas.

A PESQUISA COMO PREPARAÇÃO PARA DESCOBERTAS

No trabalho de pesquisa, sua primeira etapa foi justamente o circular por ruas e avenidas de Campinas, e identificar os diversos pontos de referência à presença do negro na cidade, em seu entorno e, por consequência, em São Paulo. A visão primeira de uma grande metrópole moderna, multirracial, cosmopolita, industrializada, e mesmo o contato com certa literatura deixava a impressão da morte, da ausência dos negros em São Paulo. Mesmo no conhecimento da presença maciça de nordestinos no momento de migração em massa do chamado Trabalhador Nacional, esses nordestinos eram como que "transparentes", sem cor. A discussão sobre a presença do negro em São Paulo, sua presença como natural do Estado, com seu universo cultural e suas organizações, estava encoberta. A circulação pela cidade e os primeiros contatos mostraram não apenas sua presença no mosaico étnico-cultural, mas a presença física na venda do acarajé (Tia Nice), nas casas de culto afro-brasileiro, no Jongo, no maracatu, nos grupos culturais já existentes. Os que chegaram depois convivem e entrelaçam-se com os grupos tradicionais. Tambores, estandartes, santos, símbolos são buscados, trazidos, partilhados. Por sua vez, a cidade de Campinas mostra, guardada em alguns lugares, as marcas da presença negra.

A partir desse primeiro olhar, deu-se uma busca cuidadosa de informações nas diversas fontes. As fontes básicas da pesquisa foram, de um lado, a bibliografia compulsada e a documentação nela contida. As informações estavam lá, pelo menos nas entrelinhas. O levantamento bibliográfico e iconográfico, as entrevistas realizadas, os jornais demandaram leitura e análise, e releitura com novo olhar. Dessas leituras e releituras surgiram João Barbeiro, Luis Gama, Antonio Bento, Carlos Gomes,

ALGUMAS CONSIDERAÇÕES. RESULTADOS FINAIS

todos personagens revisitados, agora mais vivos e próximos. Os batuques do largo do Rosário, os entalhes de madeira da Catedral, o sino que marcou por mais de um século o fluir do tempo, hoje presentes. A constatação principal era a presença de uma resistência à opressão, uma busca de liberdade, uma afirmação do ser negro como símbolo de liberdade.

O GRUPO: O OUTRO, O DESCONHECIDO

A pesquisa representou, assim, a preparação para as descobertas que vieram a ser realizadas na interação com os atores-protagonistas, possibilitando a identificação dos temas e das questões geradoras e provocadoras, estimuladoras da memória dos participantes. Procurou-se, desta forma, fazer aflorar o que não está explícito, o que nem sempre aparece. Esses eram os desconhecidos. O trabalho agora era construir o grupo. A interação procura informar, provocar, desconstruir, provocar a memória encoberta – a outra cabeça, no dizer de Galeano: "Todos nós temos duas cabeças e duas memórias [...] uma memória que a morte mata, bússola que acaba com a viagem, e outra memória, a memória coletiva, que viverá enquanto viver a aventura humana no mundo"[1].

Descobrir o grupo, incógnito, assim é a descoberta do outro. Essa relação, ela própria objeto de construção, vai indicar como e quando realizar os diversos momentos da oficina. Imagens, sons e o próprio corpo vão passar as informações necessárias para que o grupo se descubra. Assim, nossa descoberta é também a descoberta deles, entrelaçadas, umas a outras no processo provocação – descoberta, que faz surgir o submerso, através de frestas, espaços na memória, fazendo aflorar o que trazem como conteúdo. Provocar a memória é também provocar a sensibilidade, pelo uso de músicas contemporâneas de inspiração ancestral, que vieram depois compor o roteiro musical.

As descobertas, por sua vez, provocam nos participantes o retorno ao interior de suas famílias, de seu grupo de origem –

1. *Memória do Fogo 2 – As Caras e as Máscaras*, p. 58.

168 A DRAMATURGIA DA MEMÓRIA NO TEATRO-DANÇA

abrir o baú, encontrar as fotos, trocar informações com as mães e com seu grupo de referência, perguntar.

O momento da caminhada fez redescobrir a cidade, olhá--la de um novo modo. Reflexão sobre o concreto, refazendo o caminho do cotidiano com um novo olhar. Isso ficou claro durante a caminhada e depois dela, quando se fez a explicitação das descobertas. A caminhada é um momento de catalização do conjunto de provocações num processo de releitura do mundo no espaço concreto de Campinas, tomando o roteiro, literalmente, como o caminho das pedras... No debate posterior, a expressão mais utilizada e muito repetida era "eu não sabia!" Aqui se explicitam as descobertas: a. a existência de uma história pessoal e de uma história social. A oposição histórica dos "vencedores" e dos "derrotados", em que os primeiros constroem a história na versão que lhes interessa; b. desvelar essas versões permite ver os interesses que subjazem à história, que implicam o esquecimento, ou melhor, o apagamento da memória do outro; c. o processo de troca entre direção e atores-participantes, durante todo o processo de provocação – respostas, permite-nos enxergar a experimentação de um círculo de discussão, troca e avaliação permanente, num paralelo com os círculos de leitura propostos pelo método Paulo Freire. Assim o é, na medida em que se trata de uma forma de leitura de si e do mundo. Se aqui não se trabalhou o universo vocabular, trabalhou-se, sim, o universo cultural, a busca do entendimento de uma "alma ancestral", na terminologia de Roberto Gambini, entre as várias possíveis no Brasil.

AVALIANDO OS RESULTADOS PROVISÓRIOS[2]

O trabalho apresentado foi considerado de muita importância por aqueles que assistiram à apresentação pública como uma manifestação de desocultação, resgate de uma história. Um evento da memória de uma cultura e ancestralidade que ultrapassou o espaço dos livros e museus, buscando preencher

2. Do Relatório Final sobre a prática da Dramaturgia da Memória/Projeto Memória de Sangue e Fogo – reflexão conjunta minha e de Carlos Ramon Sanchez.

arquivos vazios dessa história "encoberta" de omissões que não ocupa lugar no olhar de muitos.

A força dessa cultura mostrou-se parte da formação de Campinas. Foi trazido à tona um acervo de personagens dessa história, bem como de gestos, movimentos, cantos, falas, danças.

Na opinião do público e dos participantes, conseguimos traduzir o material coletado em uma escrita cênica da memória cultural e social; as reflexões sobre as práticas cotidianas, com as quais todos nós aprendemos (e das quais selecionamos fragmentos), como elementos que fazem parte da vida dos envolvidos. A memória contemplada no roteiro histórico trouxe a visão geral de um passado desconhecido, embutido, contudo, na memória pessoal de cada participante, mobilizada por perguntas-estímulos-temas. Aliamos, assim, esse universo geral a outros pessoais como práticas e costumes da vida de cada um.

O trabalho trouxe, para os participantes, um fortalecimento e construção de identidades e também um aprendizado não só na descoberta e resgate da história, como da prática de técnicas transmitidas pedagogicamente e utilizadas na mobilização de uma memória e expressividade, que é chamada Dramaturgia da Memória. Consideramos o trabalho uma semente para as próximas investidas. Também temos certeza de que cada um dos participantes será um multiplicador da experiência vivida.

△▽ Malungo. *Balé Teatro Castro Alves, 2007*. Este trabalho é uma homenagem à Diáspora Africana na América. Malungo quer dizer camarada, companheiro, o mesmo que irmão de leite. Assim eram chamados os escravos vindos da África no mesmo navio. Essa memória, apesar de muito sofrimento, nos deixou uma rica herança cultural e ancestral que não vivem em separado; é memória constituinte do povo brasileiro. Foto: Luis Molina.

Con(in)clusão

Que as perguntas-estímulos-temas continuem reverberando! E que retornem aos que têm por missão encenar(-se) em uma Dramaturgia da Memória. Este trabalho, portanto, não se encerra aqui; continua em processo, lembrando onda, fluxo e refluxo, água mole em pedra dura, talvez! Nesse procedimento artístico, empreendedor de transformações pessoais, a provocação das memórias mostra-se instrumento para uma compreensão da dinâmica existencial dos indivíduos, em especial o fortalecimento e construção de identidades de pessoas incluídas em certo referencial ou mesmo interessadas em desocultar um contexto que historicamente coloca o cidadão desafiado a recuperar uma realidade que foi escondida.

É muito provável que essa realidade, revelada pelo procedimento artístico posto em cena neste trabalho, já esteja integrada à dança nas coreografias de Laban e Jooss, já nos anos de 1920 e na década de setenta quando outros levaram as discussões políticas para dentro das companhias de balé, encenando passo a passo revoltas sociais e formas de opressão que levavam o homem a morrer ou a matar. A Dramaturgia da Memória tem suas sementes nesses palcos em que teatro e dança necessitam um do outro, oferecendo-se como experiência

172 A DRAMATURGIA DA MEMÓRIA NO TEATRO-DANÇA

única ao espectador que "não sabia", e que se descobre espantado, dialogando com os diversos tempos ainda vivos na memória de seu cotidiano.

É nesse teatro-dança, em que os criadores-participantes se lançam de corpo inteiro, que encontro o *Tanztheater* bauschiano. Recusando reduzir-se à soma de teatro e dança, um terceiro gênero pede passagem, e dá lugar a uma experiência artística de uma ordem não universalizável, que exige outros meios de conhecimento, outra visão, outra escuta. E é nesse contexto que pode ser ouvida a recomendação de Bausch: "Seja você mesma!", experimente ir além da utilização das técnicas estabelecidas da dança como expressão de sentimentos, despoje-se dos modelos, sinta-se pensando. A recomendação não é, portanto, o conhecer-enigma da esfinge (Conhece-te a ti mesmo!), mas o ser, que convoca um deslocamento, um afastamento da mestra, a instauração de uma discursividade própria que mobilize o saber inconsciente e permita este ensaio aberto de uma Dramaturgia da Memória.

Segundo Fernando Frochtengarten:

Temos assistido a um movimento de valorização do recurso à memória oral no camopo das ciências sociais. Entre psicólogos sociais, antropólogos e historiadores cada vez mais tem sido assídua a prática do recolhimento de lembranças por meio de depoimentos. Os quadros produzidos deste modo alimentam de conteúdos o interesse dos pesquisadores, não sem suscitar o debate em torno do conhecimento engendrado pela narração[1].

Ecléa Bosi pergunta: "o movimento de recuperação da memória nas Ciências Humanas será moda acadêmica ou tem origem mais profunda com a necessidade de enraizamento?"[2] Sua resposta deixa claro que "a tendência acadêmica traduz uma demanda do homem contemporâneo" e que é "do vínculo com o passado [que] se extrai a força para formação de identidade"[3].

1. F. Frochtengarten, A Memória Oral no Mundo Contemporâneo, *Revista de Estudos Avançados*, p. 367.
2. Apud F. Frochtengarten, op. cit., p. 367.
3. Idem, ibidem.

Também a Dramaturgia da Memória, como depoimento artístico memorial do corpo todo em movimento; falas, cantos e danças é uma resposta a demandas de nossa época, e uma forma de enraizamento. A Dramaturgia da Memória como "depoimento oral" na sociologia traz à luz uma realidade na qual a narrativa e a escuta do passado emergem como atos de resistência, como forma de evitar o "emparedamento", contra o qual se levantavam as palavras de Cruz e Sousa: "Era mister romper o Espaço toldado de brumas, rasgar as espessuras, as densas argumentações e saberes, desdenhar os juízos altos, por decreto e por lei, e, enfim, surgir..."[4].

Surgir e fazer parte da história como narrador. O sentimento de pertencimento verificado com o resgate da história celebra um ato poético que encontra em fontes antigas energias jovens, dizendo coisas que interessam ao futuro. Os participantes podem enxergar melhor a presença de antepassados e, ao mesmo tempo, encontram respostas reveladoras da cara oculta debaixo das máscaras.

A Dramaturgia da Memória não traz as lembranças como um mero produto de atividade subjetiva, ao contrário, a memória torna-se viva, materializada em cenas de pontos de vista sobre o passado. O participante – provocado por dados históricos envoltos em procedimentos de um processo criativo – caminha para a liberação de novas significações da sua história, reescrevendo-a sobre a escrita de outros.

A princípio, e não finalmente, tomamos esta atividade como uma ferramenta de trabalho para servir à educação e ao espetáculo em processo. Como somos seres de linguagem, de história e de vida, somos, consequentemente, seres de ação. A vida se concretiza pelo encadeamento de ações do gesto, da fala; ações do locomover, do sentir; ações de todo o corpo. Assim, tomando ao pé da letra a palavra ação = a drama, podemos dizer que também somos seres de dramaturgia, porque para expressar-nos em todos os níveis da vida necessitamos do encadeamento de ações que se configuram dramaturgias expressivas da fala, do gesto, do sentimento e da nossa historicidade.

---

4. Emparedado, em A. Muricy, *Panorama do Movimento Simbolista Brasileiro*, p. 207.

174   A DRAMATURGIA DA MEMÓRIA NO TEATRO-DANÇA

Nas palavras angustiadas do poeta Paulo Colina, "Só me resta o mergulho fundo / no remoinho de vultos que sou / no mar de abraços cegos em que me navego"[5]. É esse o mergulho proposto pela Dramaturgia da Memória, que se oferece a quem quer que se disponha a mergulhar e a voltar à tona, se não livre, ao menos não mais emparedado.

5. O poema citado encontra-se no artigo de Bahiji Haje, "E lá se foi Colina... 'nos ombros largos da noite'", disponível em:< http://www.pco.org.br>. Acesso em 28 de junho de 2006.

Bibliografia

AGUIAR, Moysés. *Teatro da Anarquia: um Resgate do Psicodrama*. Campinas/SP: Papirus, 1988.

ARISTÓTELES, *Poética*. Trad. Eudóro de Sousa. Porto Alegre: Globo, 1966.

ASLAN, Odette. Danse/Théâtre/Pina Bausch II – D'Essen a Wuppertal. In: *Théâtre/Public*, n. 139. Gennevilliers, 1998.

_____. Danse/Théâtre/Pina Bausch I – Coréographie aux pièces. In: *Théâtre/Public*, n. 138. Gennevilliers, 1997.

BARBA, Eugenio; SAVARESE, Nicola. *A Arte Secreta do Ator*. Campinas/SP: Editora da Unicamp, 1995.

_____. *Além das Ilhas Flutuantes*. Campinas/SP: Editora da Unicamp, 1991.

BASTIDE, Roger. *O Candomblé da Bahia: Rito nagô*. Trad. Maria Isaura Pereira de Queiroz. São Paulo: Companhia das Letras, 2001.

_____. *As Religiões Africanas no Brasil: Contribuição a uma Sociologia das Interpretações de Civilizações*. Trad. de Maria Eloísa Capellato e Olívia Krahenbuhl. São Paulo: Pioneira, 1971.

BLOOM, Harold. *A Angústia da Influência. Uma Teoria da Poesia*. Lisboa: Cotovia, 1991.

BORGES, Jorge Luis. *El Aleph*. Madrid: Alianza Editorial, 1995.

BOSI, Ecléa. *Memória e Sociedade: Lembranças de Velhos*. São Paulo: Companhia das Letras, 1999.

BOURCIER, Paul. *História da Dança no Ocidente*. Trad. Mariana Appenzeller. São Paulo: Martins Fontes, 1987.

BOURDIEU, Pierre. *Economia das Trocas Simbólicas*. Trad. Sérgio Miceli, Sílvia de Almeida Prado, Sonia Miceli e Wilson Campos Vieira. São Paulo: Perspectiva, 1998.

BURNIER, Luís Otávio. *A Arte de Ator: Da Técnica à Representação*. Campinas/SP: Editora da Unicamp, 2001.

176 A DRAMATURGIA DA MEMÓRIA NO TEATRO-DANÇA

CAPRA, Fritjof. *O Ponto de Mutação*. São Paulo: Cultrix, 1991.

CARLSON, Marvin. *Teorias do Teatro: Estudo Histórico-Crítico, dos Gregos à Atualidade*. Trad. Gilson César Cardoso de Souza. São Paulo: Editora Unesp, 1997.

CASCUDO, Luís da Câmara. *História dos Nossos Gestos*. São Paulo: Editora da Universidade de São Paulo, 1986.

CHACRA, Sandra. *Natureza e Sentido da Improvisação Teatral*. São Paulo: Perspectiva, 1983.

COHEN, Renato. *Work in Progress na Cena Contemporânea*. São Paulo: Perspectiva, 1998.

_____. *Xamanismo e Teatralização: Ka e as Mitologias de Khelébnikov*. Depto. de Artes Cênicas Unicamp (mimeo), 2000.

DAMASCENO, Benito. Neuropsicologia da Memória. In: BRANDÃO Carlos Rodrigues (org.). *As Faces da Memória*. Campinas: Centro da Memória da Unicamp, 1987.

DAMÁSIO, Antonio R. *O Erro de Descartes*. São Paulo: Companhia das Letras, 2004.

DEBRAY, Régis. *Transmitir: O Segredo e a Força das Ideias*. Trad. Guilherme João de Freitas Teixeira. Petrópolis: Vozes, 2000.

DESCARTES, René. *As Paixões da Alma*. Trad. J. Guinsburg e Bento Prado Júnior. 2 ed. São Paulo: Abril Cultural, 1979 (Os Pensadores).

DUARTE JR., João Francisco. *O Sentido dos Sentidos: A Educação do Sensível*. Curitiba: Criar, 2003.

ESTÉS, Clarissa Pinkola. *Mulheres que Correm com os Lobos*. Rio de Janeiro: Rocco, 1997.

FERAL, Josette. *A Procura da Especificidade da Linguagem Teatral*. Paper. Tradução livre. Departamento de Artes Cênicas, ECA–USP, 2002.

FERNANDES, Silvia. *Memória e Invenção: Gerald Thomas em Cena*. São Paulo: Perspectiva, 1996.

FERREIRA, Ricardo Franklin. *Afro-Descendente: Identidade em Construção*. São Paulo: Educ; Rio de Janeiro: Pallas, 2004.

FISCHER, Ernest. *A Necessidade da Arte*. Trad. Leandro Konder. Rio de Janeiro: Zahar, 1981.

FISCHER, Eva-Elizabeth. Un Reflexo de la Época. In: SCHIMDT, J.; FISCHER, E.-E. et al. *Teatro Danza Hoy: Treinta años de História de la Danza Alemana*

FO, Dario. *Manual Mínimo do Ator*. Trad. Lucas Baldovino e Carlos David Szlak. São Paulo: Senac, 1998.

FRANZ, Fon; LOUISE, Marie. *A Imaginação Ativa na Psicologia de C. G. Jung*. Unicamp, Instituto de Artes, 2003 (mimeo).

FROCHTENGARTEN, Fernando. A Memória Oral no Mundo Contemporâneo, *Revista de Estudos Avançados*, v. 19, n. 55; Universidade de São Paulo, São Paulo, 2005.

GALEANO, Eduardo. *Memória do Fogo 2 - As Caras e as Máscaras da América Latina*. Trad.: Eric Nepomuceno. Rio de Janeiro: Nova Fronteira, 1985. V. 2.

_____. *Memórias do Fogo 1 - Os Nascimentos*. Trad. Eric Nepomuceno. Porto Alegre: L&PM, 1996. V. 1.

GARFINGEL, Harold. *Studies in Ethno Methodology*. New Jersey: Prentice-Hall, Englewood Cliffs, 1967.

BIBLIOGRAFIA 177

GARAUDY, Roger. *Dançar a Vida*. Trad. Glória Mariani e Antônio Guimarães Filho. Rio de Janeiro: Nova Fronteira, 1980.

GOLEMAN, Daniel. *A Teoria Revolucionária que Redefine o que é Ser INTELI-GENTE*. Rio de Janeiro: Objetiva, 1995.

GRAMANI, José Eduardo. *Rítmica Viva: A Consciência Musical do Ritmo*. Campinas/SP: Editora da Unicamp, 1996.

GRINBERG, Luiz Paulo. *Jung, O Homem Criativo*. São Paulo: FTD, 1997.

GROTOWSKI, Jerzi. *Em Busca de um Teatro Pobre*. Rio de Janeiro: Civilização Brasileira, 1987.

GUINSBURG, J. *Da Cena em Cena*. São Paulo: Perspectiva, 2001.

_____. *Stanislávski, Meierhold & Cia*. São Paulo: Perspectiva, 2001.

HAJE, Bahiji. "E lá se foi Colina… 'nos ombros largos da noite'. Disponível em: http://www.pco.org.br/joaocandido/colina/e_la_se_foi_colina.htm

HOGHE, Raimund. *Bandoneón*. Trad. Robson Pinheiro & Gaby Kirsch. São Paulo: Attar, 1989.

HOUAISS, Antonio; VILLAR, Mauro de Salles. *Dicionário Houaiss da Língua Portuguesa*. Rio de Janeiro: Objetiva, 2001.

IVERNEL, Philippe. *Dyonise en Allemagne*. Paris: Beaux-Arts, 1979.

JAFFÉ, Aniela. *O Simbolismo nas Artes Plásticas*. Departamento de Artes Unicamp, 2003 (mimeo).

JUNG, Carl Gustav. *O Homem e seus Símbolos*. Trad. Maria Lúcia Pinho. 22. ed.. Rio de Janeiro: Nova Fronteira, 2002.

_____. *Memórias, Sonhos, Reflexões*. Trad. Dora Ferreira da Silva. Rio de Janeiro: Nova Fronteira, 2003.

_____. *O Espírito na Arte e na Ciência*. Petrópolis: Vozes, 1991.

KNELLER, George E. *Arte e Ciência da Criatividade*. Trad. José Reis. São Paulo: Ibrasa, 1973.

LABAN, Rudolf. *O Domínio do Movimento*. Trad. Anna Maria de Vecchi e Maria Silvia Mourão Netto. São Paulo: Summus, 1978.

_____. *Danza Educativa Moderna*. México: Editorial Paidos Mexicana, 1989.

LANGER, Susanne. *Sentimento e Forma*. Trad. e revisão Janete Meiches e J. Guinsburg. São Paulo: Perspectiva, 2003.

_____. *Filosofia em Nova Chave*. Trad. e revisão Janete Meiches e J. Guinsburg. São Paulo: Perspectiva, 2004.

LE GOFF, Jacques. *História e Memória*. Trad. Irene Ferreira, Bernardo Leitão, Suzana Ferreira Borges. Campinas: Editora da Unicamp, 2003.

MARCOS, Jean-Pierre. A Virtude Formadora da Imagem. In: GARCIA, Célio. *Subversão da Imagem*. Instituto de Estudos da Linguagem IEL/Unicamp, 2005, (mimeo).

MAUSS, Marcel. *Antropologia e Sociologia*. São Paulo: Editora da Universidade de São Paulo, 1974.

MENESES, Adélia Bezerra de. Memória: Matéria de Mimese. In: BRANDÃO, Carlos Rodrigues (org.)*As Faces da Memória*. Campinas: Centro da Memória da Unicamp, 1987.

MENEZES, Jaci; RAMON, Sanchez Carlos. Educação e Identidade Negra. *Educação, Racismo e Anti-racismo*. n. 4. Programa A Cor da Bahia, UFBA, Salvador, 2000. (Coleção Novos Toques).

MERLEAU-PONTY, Maurice. *Fenomenologia da Percepção*.Trad. Carlos Alberto Ribeiro de Moura. São Paulo: Martins Fontes, 1999.

178 A DRAMATURGIA DA MEMÓRIA NO TEATRO-DANÇA

MICHAILOWSKI, Pierre. *A Dança e a Escola de Ballet*. Rio de Janeiro: Departamento de Imprensa Nacional, Ministério da Educação e Cultura, 1956.

MINAYO, Maria Cecilia de Souza. *O Desafio do Conhecimento*. São Paulo: Hucitec; Rio de Janeiro: Abrasco, 1996.

MONTEIRO, Mariana. *Noverre: Cartas Sobre A Dança*. São Paulo: Editora da Universidade de São Paulo, 1998.

MÜLLER, Heiner. *Quatro Textos para Teatro: Mauser Hamlet-máquina Quarteto*. São Paulo: Hucitec, 1987.

MURICY, Andrade. *Panorama do Movimento Simbolista Brasileiro*. 2. ed. Brasília: INL, 1973. v. 1.

NOVAES, Maria Helena. *Psicologia da Criatividade*. Petrópolis: Vozes, 1971.

PAVIS, Patrice. *A Análise dos Espetáculos*. Trad. Sérgio Sálvia Coelho. São Paulo: Perspectiva, 2003.

_____. *Dicionário de Teatro*. Direção e tradução Jacó Guinsburg e Maria Lúcia Pereira. São Paulo: Perspectiva, 2003.

_____. *A Teatralidade em Avignon*. Paper ECA–USP, 2002.

PIRES DE ALMEIDA, Marcio Aurelio. *O Encenador como Dramaturgo: A Escrita Poética do Espetáculo*. Tese (Doutorado em Artes Cênicas) Universidade de São Paulo, São Paulo, 1995.

RENGEL, Lenira. *Dicionário Laban*. São Paulo: Annablume, 2003.

SAISON, Maryvonne. *Os Teatros do Real*. Paper. Tradução livre. Dep. de Artes Cênicas, ECA–USP. 2002.

SÁNCHEZ, Lícia Maria Morais. *O Processo Pina-Bauschiano como Provocação à Dramaturgia da Memória*. Campinas. Dissertação de Mestrado. Instituto de Artes Unicamp, 2001.

SASPORTES, José. *Trajectória da Dança Teatral em Portugal*. Venda nova-Amadora-Portugal: Bertrand, 1979.

_____. *Pensar a Dança: A Reflexão de Mallarmé a Cocteau*. Vila da Maia: Imprensa Nacional-Casa da Moeda, 1983.

SCHMIDT, Jochen. Experimentar lo que conmueve al ser humano in Teatro Danza Hoy. In: SCHMIDT, Jochen; FISCHER, Eva-Elisabeth. et al. *Teatrodanza Hoy: Treinta Años de Historia de la Danza Alemana*. Impresso por Jütte Druck: Leipzig, 2000.

SILKES, Richard. "But is it dance?". Trad. de Fábio de Melo. In: *Dance Magazine*, junho de 1984.

SILVA, Franklin Leopoldo. *Bergson: Intuição e Discurso Filosófico*. São Paulo: Loyola, 1964.

STANISLAVSKI, Constantin. *A Criação de um Papel*. Trad. Pontes de Paula Lima. Rio de Janeiro: Civilização Brasileira, 1999.

_____. *A Construção da Personagem*. Trad. Pontes de Paula Lima. Rio de Janeiro: Civilização Brasileira, 1986.

_____. *A Preparação do Ator*. Trad. Pontes de Paula Lima. Rio de Janeiro: Civilização Brasileira, 1979.

_____. *Manual do Ator*. Trad. Jefferson Luiz Camargo. São Paulo: Martins Fontes, 1988.

THOMPSON, Paul. *A Voz do Passado: História Oral*. Trad. Lólio Lourenço de Oliveira. 2. edição. Rio de Janeiro: Paz e Terra, 1992.

VECCHI, Anna Maria Barros de. Sobre o Autor. In: LABAN, Rudolph. *O Domínio do Movimento*. São Paulo: Summus, 1978.

TEATRO NA PERSPECTIVA

O Sentido e a Máscara
Gerd A. Bornheim (D008)
A Tragédia Grega
Albin Lesky (D032)
Maiakóvski e o Teatro de Vanguarda
Angelo M. Ripellino (D042)
O Teatro e sua Realidade
Bernard Dort (D127)
Semiologia do Teatro
J. Guinsburg, J. T. Coelho Netto e
Reni C. Cardoso (orgs.) (D138)
Teatro Moderno
Anatol Rosenfeld (D153)
O Teatro Ontem e Hoje
Célia Berrettini (D166)
Oficina: Do Teatro ao Te-Ato
Armando Sérgio da Silva (D175)
O Mito e o Herói no Moderno Teatro Brasileiro
Anatol Rosenfeld (D179)
Natureza e Sentido da Improvisação Teatral
Sandra Chacra (D183)
Jogos Teatrais
Ingrid D. Koudela (D189)
Stanislávski e o Teatro de Arte de Moscou
J. Guinsburg (D192)
O Teatro Épico
Anatol Rosenfeld (D193)
Exercício Findo
Décio de Almeida Prado (D199)
O Teatro Brasileiro Moderno
Décio de Almeida Prado (D211)
Qorpo-Santo: Surrealismo ou Absurdo?
Eudinyr Fraga (D212)
Performance como Linguagem
Renato Cohen (D219)
Grupo Macunaíma: Carnavalização e Mito
David George (D230)

Bunraku: Um Teatro de Bonecos
Sakae M. Giroux e Tae Suzuki (D241)
No Reino da Desigualdade
Maria Lúcia de Souza B. Pupo (D244)
A Arte do Ator
Richard Boleslavski (D246)
Um Vôo Brechtiano
Ingrid D. Koudela (D248)
Prismas do Teatro
Anatol Rosenfeld (D256)
Teatro de Anchieta a Alencar
Décio de Almeida Prado (D261)
A Cena em Sombras
Leda Maria Martins (D267)
Texto e Jogo
Ingrid D. Koudela (D271)
O Drama Romântico Brasileiro
Décio de Almeida Prado (D273)
Para Trás e Para Frente
David Ball (D278)
Brecht na Pós-Modernidade
Ingrid D. Koudela (D281)
O Teatro É Necessário?
Denis Guénoun (D298)
O Teatro do Corpo Manifesto: Teatro Físico
Lúcia Romano (D301)
O Melodrama
Jean-Marie Thomasseau (D303)
Teatro com Meninos e Meninas de Rua
Marcia Pompeo Nogueira (D312)
O Pós-Dramático: Um conceito Operativo?
J. Guinsburg e Sílvia Fernandes
(orgs.) (D314)
João Caetano
Décio de Almeida Prado (E011)
Mestres do Teatro I
John Gassner (E036)

Mestres do Teatro II
John Gassner (E048)
Artaud e o Teatro
Alain Virmaux (E058)
Improvisação para o Teatro
Viola Spolin (E062)
Jogo, Teatro & Pensamento
Richard Courtney (E076)
Teatro: Leste & Oeste
Leonard C. Pronko (E080)
Uma Atriz: Cacilda Becker
Nanci Fernandes e Maria T. Vargas
(orgs.) (E086)
TBC: Crônica de um Sonho
Alberto Guzik (E090)
Os Processos Criativos de Robert Wilson
Luiz Roberto Galizia (E091)
*Nelson Rodrigues: Dramaturgia e
Encenações*
Sábato Magaldi (E098)
José de Alencar e o Teatro
João Roberto Faria (E100)
Sobre o Trabalho do Ator
M. Meiches e S. Fernandes (E103)
Arthur de Azevedo: A Palavra e o Riso
Antonio Martins (E107)
O Texto no Teatro
Sábato Magaldi (E111)
Teatro da Militância
Silvana Garcia (E113)
Brecht: Um Jogo de Aprendizagem
Ingrid D. Koudela (E117)
O Ator no Século XX
Odette Aslan (E119)
Zeami: Cena e Pensamento Nô
Sakae M. Giroux (E122)
Um Teatro da Mulher
Elza Cunha de Vincenzo (E127)
Concerto Barroco às Óperas do Judeu
Francisco Maciel Silveira (E131)
*Os Teatros Bunraku e Kabuki: Uma
Visada Barroca*
Darci Kusano (E133)
*O Teatro Realista no Brasil:
1855-1865*
João Roberto Faria (E136)
Antunes Filho e a Dimensão Utópica
Sebastião Milaré (E140)
O Truque e a Alma
Angelo Maria Ripellino (E145)
A Procura da Lucidez em Artaud
Vera Lúcia Felício (E148)
*Memória e Invenção: Gerald Thomas
em Cena*
Sílvia Fernandes (E149)
O Inspetor Geral de Gógol/Meyerhold
Arlete Cavaliere (E151)
O Teatro de Heiner Müller
Ruth C. de O. Röhl (E152)

Falando de Shakespeare
Barbara Heliodora (E155)
Moderna Dramaturgia Brasileira
Sábato Magaldi (E159)
Work in Progress na Cena Contemporânea
Renato Cohen (E162)
Stanislávski, Meierhold e Cia
J. Guinsburg (E170)
Apresentação do Teatro Brasileiro Moderno
Décio de Almeida Prado (E172)
Da Cena em Cena
J. Guinsburg (E175)
O Ator Compositor
Matteo Bonfitto (E177)
Ruggero Jacobbi
Berenice Raulino (E182)
Papel do Corpo no Corpo do Ator
Sônia Machado Azevedo (E184)
O Teatro em Progresso
Décio de Almeida Prado (E185)
Édipo em Tebas
Bernard Knox (E186)
Depois do Espetáculo
Sábato Magaldi (E192)
Em Busca da Brasilidade
Claudia Braga (E194)
A Análise dos Espetáculos
Patrice Pavis (E196)
As Máscaras Mutáveis do Buda Dourado
Mark Olsen (E207)
Crítica da Razão Teatral
Alessandra Vannucci (E211)
Caos e Dramaturgia
Rubens Rewald (E213)
Para Ler o Teatro
Anne Ubersfeld (E217)
Entre o Mediterrâneo e o Atlântico
Maria Lúcia de S. B. Pupo (E220)
*Yukio Mishima: O Homem de Teatro
e de Cinema*
Darci Kusano (E225)
O Teatro da Natureza
Marta Metzler (E226)
Margem e Centro
Ana Lúcia V. de Andrade (E227)
Ibsen e o Novo Sujeito da Modernidade
Tereza Menezes (E229)
Teatro Sempre
Sábato Magaldi (E232)
O Ator como Xamã
Gilberto Icle (E233)
A Terra de Cinzas e Diamantes
Eugenio Barba (E235)
A Ostra e a Pérola
Adriana Dantas de Mariz (E237)
A Crítica de um Teatro Crítico
Rosangela Patriota (E240)
O Teatro no Cruzamento de Culturas
Patrice Pavis (E247)

Eisenstein Ultrateatral
Vanessa Teixeira de Oliveira (E249)
Teatro em Foco
Sábato Magaldi (E252)
*A Arte do Ator entre os
Séculos XVI e XVIII*
Ana Portich (E254)
O Teatro no Século XVIII
Renata S. Junqueira e Maria Gloria C.
Mazzi (orgs.) (E256)
A Gargalhada de Ulisses
Cleise Furtado Mendes (E258)
Dramaturgia da Memória no Teatro-Dança
Lícia Maria Morais Sánchez (E259)
A Cena em Ensaios
Béatrice Picon-Vallin (E260)
Teatro da Morte
Tadeusz Kantor (E262)
Escritura Política no Texto Teatral
Hans-Thies Lehmann (E263)
Na Cena do Dr. Dapertutto
Maria Thais (E267)
A Cinética do Invisível
Matteo Bonfitto (E268)
*Luigi Pirandello:
Um Teatro para Marta Abba*
Martha Ribeiro (E275)
Teatralidades Contemporâneas
Sílvia Fernandes (E277)
Do Grotesco e do Sublime
Victor Hugo (EL05)
O Cenário no Avesso
Sábato Magaldi (EL10)
A Linguagem de Beckett
Célia Berrettini (EL23)
Idéia do Teatro
José Ortega y Gasset (EL25)
*O Romance Experimental e o
Naturalismo no Teatro*
Emile Zola (EL35)
*Duas Farsas: O Embrião do Teatro
de Molière*
Célia Berrettini (EL36)
Marta, A Árvore e o Relógio
Jorge Andrade (T001)
O Dibuk
Sch. An-Ski (T005)
*Leone de'Sommi: Um Judeu no Teatro
da Renascença Italiana*
J. Guinsburg (org.) (T008)
Urgência e Ruptura
Consuelo de Castro (T010)
Pirandello do Teatro no Teatro
J. Guinsburg (org.) (T011)
Canetti: O Teatro Terrível
Elias Canetti (T014)
*Idéias Teatrais: O Século XIX
no Brasil*
João Roberto Faria (T015)

Heiner Müller: O Espanto no Teatro
Ingrid D. Koudela (Org.) (T016)
Büchner: Na Pena e na Cena
J. Guinsburg e Ingrid Dormien
Koudela (Orgs.) (T017)
Teatro Completo
Renata Pallottini (T018)
*Barbara Heliodora: Escritos sobre
Teatro*
Claudia Braga (org.) (T020)
Machado de Assis: Do Teatro
João Roberto Faria (org.) (T023)
Três Tragédias Gregas
G. de Almeida e T. Vieira (S022)
Édipo Rei de Sófocles
Trajano Vieira (S031)
As Bacantes de Eurípides
Trajano Vieira (S036)
Édipo em Colono de Sófocles
Trajano Vieira (S041)
Agamêmnon de Ésquilo
Trajano Vieira (S046)
Teatro e Sociedade: Shakespeare
Guy Boquet (K015)
Eleonora Duse: Vida e Obra
Giovanni Pontiero (PERS)
Linguagem e Vida
Antonin Artaud (PERS)
Ninguém se Livra de seus Fantasmas
Nydia Licia (PERS)
O Cotidiano de uma Lenda
Cristiane Layher Takeda (PERS)
História Mundial do Teatro
Margot Berthold (LSC)
O Jogo Teatral no Livro do Diretor
Viola Spolin (LSC)
Dicionário de Teatro
Patrice Pavis (LSC)
*Dicionário do Teatro Brasileiro: Temas,
Formas e Conceitos*
J. Guinsburg, João Roberto Faria e
Mariangela Alves de Lima (LSC)
*Jogos Teatrais: O Fichário de
Viola Spolin*
Viola Spolin (LSC)
Br-3
Teatro da Vertigem (LSC)
Zé
Fernando Marques (LSC)
*Últimos: Comédia Musical em Dois
Atos*
Fernando Marques (LSC)
Jogos Teatrais na Sala de Aula
Viola Spolin (LSC)
*Uma Empresa e seus Segredos:
Companhia Maria Della Costa*
Tania Brandão (LSC)

Este livro foi impresso na cidade de Guarulhos,
nas oficinas da Cherma Indústria da Arte Gráfica Ltda.,
em maio de 2010, para a Editora Perspectiva s.a.